股权设计底层逻辑

企业从初创到上市的密码

王雪梅 李江涛 著

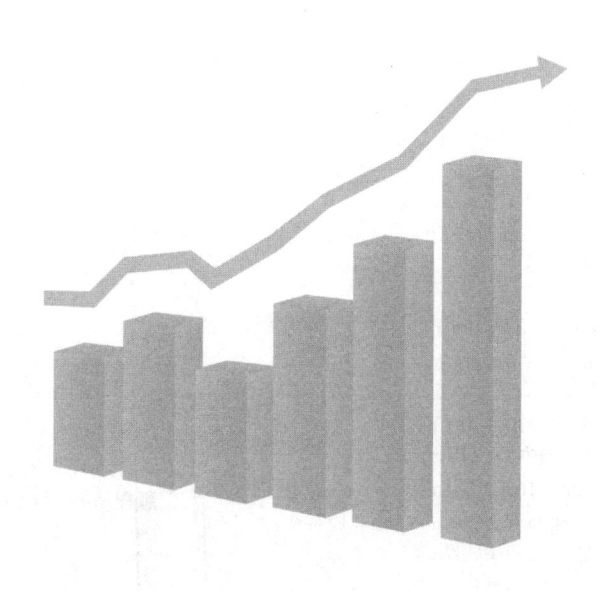

中华工商联合出版社

图书在版编目（CIP）数据

股权设计底层逻辑：企业从初创到上市的密码 / 王雪梅，李江涛著. -- 北京：中华工商联合出版社，2024.6.
-- ISBN 978-7-5158-4001-7
Ⅰ. F271.2
中国国家版本馆 CIP 数据核字第 2024W6Z462 号

股权设计底层逻辑：企业从初创到上市的密码

作　　者：	王雪梅　李江涛
出 品 人：	刘　刚
图书策划：	北京金清水澈文化传播有限公司
责任编辑：	胡小英
封面设计：	李彦生
责任审读：	付德华
责任印制：	陈德松
出版发行：	中华工商联合出版社有限责任公司
印　　刷：	北京毅峰迅捷印刷有限公司
版　　次：	2024 年 7 月第 1 版
印　　次：	2024 年 7 月第 1 次印刷
开　　本：	710mm×1000mm　1/16
字　　数：	180 千字
印　　张：	15
书　　号：	ISBN 978-7-5158-4001-7
定　　价：	69.00 元

服务热线：010 — 58301130 — 0（前台）
销售热线：010 — 58302977（网店部）
　　　　　010 — 58302166（门店部）
　　　　　010 — 58302837（馆配部、新媒体部）
　　　　　010 — 58302813（团购部）
地址邮编：北京市西城区西环广场 A 座
　　　　　19 — 20 层，100044
http://www.chgslcbs.cn
投稿热线：010 — 58302907（总编室）
投稿邮箱：1621239583@qq.com

工商联版图书
版权所有 侵权必究

凡本社图书出现印装质量问题，请与印务部联系。

联系电话：010 — 58302915

股权设计的制胜之道：先予后取

股权是企业发展的基石，是企业由小到大、从弱到强的关键因素。许多初创企业失去前进的动力，或者很多大企业面临危机时内部人心涣散，其根源就在于没有把握好股权这个环节，没有做好股权架构。

提到企业的股权架构，很多人会认为这是一门高深莫测的学问，是资深专家才做的事情。正是这样的认知，导致很多创业者或是中小企业的经营者，在企业发展过程中错失机遇、走了很多弯路。

股权架构设计真的是普通人可望而不可即的吗？

答案自然是否定的。正如古人所说，大道至简。越是高级复杂的东西越是简单质朴。企业股权架构设计亦是如此，作为企业创始人，你想要从别人那里得到什么，就要先给予对方想要的东西，即"欲先取之，必先予之"。

著名投资人、小米集团创始人雷军曾经说过："很多人认为找合伙人很难，但我认为很简单，只是因为你投入的时间不够。"在创办小米之前，雷军没有硬件创业经验，因此他对优秀硬件工程师的需求极为迫切。

那么，雷军是如何吸引这些优秀的硬件工程师的呢？

雷军的方法简单而直接，他列出了一份长长的优秀工程师名单，然后逐个联系合作。为了让这些工程师加入小米，雷军不但提供了优厚的工资和福利，还送出了大量的股权，将他们的角色从"打工者"转变为"主人翁"，把他们的利益与小米集团紧密相连，形成了一个不可分割的命运共同体。

显然，合理运用股权可以为企业吸引大量人才，在留住他们的同时，还能激发他们的潜力，从而使企业获得更强大的行业竞争力。

此外，股权架构还关系到企业的归属问题。初创企业就像刚刚破土而出的幼苗，要想迅速成长为参天大树，需要不断注入资金、技术、渠道等"养料"。这些都可以通过股权来换取，但代价是创始人的持股比例会被稀释——随着股权比例的不断降低，创始人辛苦培育的"孩子"可能会易名改姓。

然而，通过严谨而巧妙的股权架构，创始人可以避免这种情况，并且在确保自身持股比例下降的情况下，仍然拥有公司的控制权。例如，利用一致行动人协议、委托投票权、AB股制等，将股票的表决权与分红、增值等权利分离，从而掌握半数以上的股东会表决权，实现对公司的绝对控制。

更为重要的是，股权还是企业扩大经营规模的有力工具。当企业制定了多元化经营战略后，可以通过股权融资和股权并购，将业务触角伸向上下游产业或其他未涉足的行业，在快速积累人才、经验、渠道等资源的同时扩大经营规模，占领用户心智，实现完美转型。

也就是说，经营企业必然要与股权打交道。明智的创始人会重视股权对企业的作用，通过巧妙设计股权架构，打造出合伙人挖掘、控制权巩固、员工激励、对外融资、跨行并购和税务筹划等可持续的闭环。

由此可见，懂得利用股权者能够获得资源，拥有资源者能够赢得市场，赢得市场者能够赢得消费者的心，这是企业长久发展的根本。而消费者的认可，则需要企业在保障产品质量的同时做到物美价廉。产品的质量，需要合作者的智慧和资金，以及员工付出劳动，这些环节缺一不可，从这个角度来看，企业创始人设计好股权架构的基础就是四个字：先予后取！因为无论是合伙人、投资者、员工，还是消费者，企业要想持续地得到他们的支持，就必须舍得"分权"让利。

Contents | 目录

第一章 巨头的股权智慧，创造财富普惠大众

第一节　华为全员持股制度：难以复制的"分钱"文化 …………… 002

第二节　娃哈哈三股融合：财富取之于民用之于民 ………………… 007

第三节　京东股权并购智慧：低廉成本获得优质资产 ……………… 011

第四节　贵州茅台私募股权：投资培育更多行业知名品牌 ………… 015

第五节　泸州老窖股票激励：配股把经销商变成"销售部" ……… 018

第六节　理想股权融资法宝：独具一格的行业标杆 ………………… 022

第七节　小米股权投资策略：借"势"搭建产业生态链 …………… 027

第二章 股权架构设计，企业经营的核心命脉

第一节　做"活"股权，疏通企业财富的进水管 …………………… 032

第二节　顶层架构设计，保驾护航的五种公司 ……………………… 036

第三节　控股公司架构，创始人的"变身"游戏 …………………… 042

第四节　"量体裁衣"，守住股权架构设计的底线 ………………… 048

第五节　三种控股模型，让你控股撒手总相宜 ……………………… 053

第三章　股权合伙，为公司注入强壮的基因

第一节　与凤凰同飞，创大业必须团结人才 …………………… 058

第二节　选对人走对路，匹配合伙人的三张自画像 …………… 061

第三节　技术合伙人，创业路上的"孙悟空" …………………… 065

第四节　公司跑得快不快，全靠管理带 ………………………… 069

第五节　收获"金蛋"，用好孵化器的运营模式 ………………… 073

第六节　资金合伙人，让市场为你"推磨" ……………………… 077

第七节　资源合伙人，整合资源让"1+1＞2" ………………… 081

第八节　团队主导者，取经团队的"唐僧" ……………………… 085

第四章　善用股权模式，掌握公司话语权

第一节　搭建持股平台，有限合伙有效控制 …………………… 090

第二节　一致行动人协议，有难同当有福共享 ………………… 093

第三节　AB 股模式，给自己的股票开个"挂" ………………… 097

第四节　委托投票权协议，我为你们"代言" …………………… 100

第五节　控制目标公司，开发公司章程隐藏功能 ……………… 104

第六节　"两会一层"，走高端路线的控股手段 ………………… 107

第七节　构建工会持股模式，工会既发福利也发"服力" ……… 111

第五章　股权比例设计，守住公司控制权

第一节　了解持股方式：直接 + 间接 + 交叉 ………………… 116

第二节	股权比例数字，决定公司的控制权	121
第三节	10%+3%+1%，股东行权的数字游戏	124
第四节	知己知彼，记住制约公司行为的股权比例	128
第五节	股权稀释，别让自己变成温水里的青蛙	131
第六节	股权比例设计，创始人避"坑"宝典	134

第六章　实施股权激励，推动企业弯道超车

第一节	股权激励，为员工装上创新"永动机"	140
第二节	灵活运用，合适的股权模式能吸引人才	144
第三节	用好"纸牌"，在恰当的时机激励员工	149
第四节	"三定神功"，掌握股权激励行动方针	153
第五节	有效复盘，评估股权激励的四个标准	158
第六节	能进能退，用好股权避免员工内卷躺赢	161

第七章　做好股权融资，实现快速扩张

第一节	巧妙融资，借势借钱借资源	166
第二节	募资途径，转让+质押+私募+增资	170
第三节	选择最佳合作方，天使+风险+众筹	174
第四节	走好流程，顺利搭上"金主"的车	178
第五节	为公司"贴金"，商业计划书要有价值	181
第六节	求同存异，谈判时要紧抓控制权	184

第八章　巧用股权并购，推进资产资源的整合

第一节　股权并购，横向 + 纵向 + 跨界 …………………………… 190

第二节　并购"三查"，让你获得更大的收益 …………………… 194

第三节　并购流程，按照自身意愿"摘果果" …………………… 198

第四节　标准定价格，股权并购顺利的基础 …………………… 200

第五节　拟好协议，预防股权并购后期风险 …………………… 203

第六节　并购双赢，先了解股权并购的"坑" …………………… 208

第九章　股权合法节税，降低运营成本

第一节　公司节税，先分清子公司和分公司 …………………… 214

第二节　股东分红，五种情况下可以免个税 …………………… 217

第三节　家族信托，既确保资产安全又能降低税负 ……………… 220

第四节　股权转让，合法降低税负的途径 ………………………… 222

第五节　捐赠股权，公司合法节税的一种方式 …………………… 227

第六节　设计得当，股权并购也能合理避税 …………………… 229

第一章

巨头的股权智慧，创造财富普惠大众

第一节

华为全员持股制度：难以复制的"分钱"文化

所谓全员持股，通俗地讲，就是企业把股份分配给全体员工，旨在鼓励员工积极参与公司的经营和发展，并分享公司的收益。这种制度通常在公司上市前实施，员工可以通过购买公司股票或获得公司授予的股票期权等方式获得公司股份。

全员持股是美国经济学家路易斯·凯尔索在20世纪60年代提出的，而把全员持股的制度实施得最好的企业当属华为。对于华为来说，全员持股制是企业和员工双赢的创举，是其能够在激烈的行业竞争中保持优势地位的核心竞争力之一，也是其能够在一次次危机中始终屹立不倒的最稳固基石。

正如华为创始人任正非在《一江春水向东流》中所说："我创建公司时设计了员工持股制度，通过利益分享，将员工团结起来。那时我还不懂期权制度，更不知道西方在这方面很发达……我只是从自己过去的人生挫折中感悟到要员工分担责任、分享利益。"

世上所有的道理都是相通的，特别是关于利益的理解，古圣先贤在几千年前就说过，财聚人散，财散人聚。只有舍得把钱财分给跟随你的人，才能凝聚人心。做人如此，做企业更是如此。

根据华为公司发布的股权结构来看，创始人任正非直接持有的股权不到公司总股本的1%，剩余的绝大多数股份全部为华为工会（华为投资控股有限公司工会委员会）持有。员工手中持有大量华为公司股权，一来身份上发生了改变，从最初的打工仔变为公司股东，对公司的认同感变得更加强烈，能动性和创新性进一步提高；二来通过巨额分红，员工得以分享公司发展红利，和公司真正捆绑在一起，形成了一个不可分割的命运共同体。

一荣俱荣，一损俱损，这才是华为员工爆发出超强能动性和创新性的根本原因，也是华为始终能够屹立于全球通信行业龙头的秘诀之一。

华为公司的股权为虚拟股权，就是相对于实际股权而言，它没有所有权和表决权，也不能随意转让和出售，更不需要在工商部门登记。

具体而言，华为内部发行的虚拟股主要有三大特点，如图1-1所示。

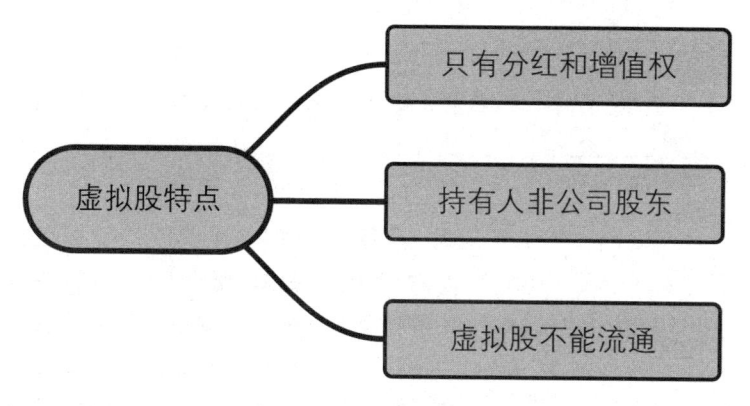

图 1-1　虚拟股特点

虚拟股特点：
- 只有分红和增值权
- 持有人非公司股东
- 虚拟股不能流通

1. 只有分红和增值权

持有虚拟股权的员工仅有相应的分红权和增值权，并不能如实体股权的股东那样享有更多权利，诸如表决权、提名权、提案权、参与权等。

2. 持有人非公司股东

和持有实股即成为公司股东不同，持有虚拟股权的人并不是公司的实际股东，不能在公司股东名册上留名，也无法在工商部门办理登记。也就是说，虚拟股权仅仅属于公司内部约定，对公司整体股权结构并不会产生实质影响。

3. 虚拟股不能流通

通常情况下，公司内部发行的虚拟股具有人身专属性，是公司为了激励特定员工而专门发行的。因此，在股权激励方案中，公司会和被激励员工约定虚拟股不能转让、赠与，也不能继承，一旦员工离职，其所持虚拟股会自动终止。

可见，虚拟股之于员工而言，更多的是享受分红权和增值权；对公司而言，虚拟股既能让员工享受到公司发展的利益，将其和公司深度捆绑，又不影响创始人对公司的控制权。

纵观华为虚拟股制度的发展历程，可以将之归纳为四个发展阶段，如表1-1所示。

表1-1 华为虚拟股权制度发展阶段一览表

阶段	时间段	详情
第一阶段	1990—1996年	这一阶段属于华为初创期，公司面临资金回流慢、缺乏融资渠道等难题。为了解决融资问题，获得公司发展急需的现金流，华为通过从内部"借钱"的方式，向员工发行"股票"，即允许入职1年的员工以每股1元的价格购入公司股票，可购买的股票数额与员工职级相关
第二阶段	1997—2001年	这是公司的发展阶段，进入发展期的华为可谓是内忧外患，内有公司副总裁带领多名高管离职，外有竞争对手的挑战。在危急之时，华为对员工持股制度进行了改进，形成了任正非和华为公司工会双双持股的股权结构。就是说，员工所持有的股份由华为公司工会集中托管，由其代表所有员工行使相应的表决权

续表

阶段	时间段	详情
第三阶段	2001—2014年	这是公司发展的成熟阶段，华为股权激励制度最显著的特征便是"企业融资渠道＋员工激励"：一方面，虚拟股需要员工花钱购买；另一方面，持股员工每年都能得到丰厚分红。同时，为了激励新员工，激活老员工，华为开始实行"饱和配股"，规定每个级别的员工达到上限后将不再参与新的配股，将更多的激励空间留给新员工，激发他们的工作能动性
第四阶段	2014年至今	为了不让员工"躺在股权上睡大觉"，华为推出了奖励期权计划（TUP）。参与这一计划的员工，配股后的有效期只有5年，以此激励员工爆发出更强的创新和创业激情

华为之所以推出奖励期权计划，其动机主要有以下两点。

1. 解决外籍员工长期激励问题

由于华为是非上市公司，内部发行的虚拟股只能针对中国籍员工，而随着华为全球业务的迅猛发展，对外籍员工的激励迫在眉睫。在这种大背景下，华为推出了奖励期权计划。

2. 解决新老员工收入不平衡问题

随着华为盈利能力的迅猛提升，手持大量股权的老员工每年都能获得巨额分红，再加上基本工资和奖金，很多人都在一定程度上实现了财务自由。导致一部分老员工工作积极性大幅降低，这种行为无疑和华为"以奋斗者为本""给英雄以尊严"的企业价值观背道而驰。与此同时，新员工空有一腔热血，却分不到多少股权，必然会影响到工作积极性。

奖励期权计划以5年为界，假定通过奖励期权计划授予某位员工1000个单位，虚拟面值为一元，具体实施方法如表1-2所示。

表1-2 奖励期权计划实施方法

年份	分红权
第一年	没有分红权
第二年	获得10000×1/3的分红权
第三年	获得10000×2/3的分红权
第四年	获得10000个单位的百分之百分红权
第五年	不仅能够获得10000个单位的百分之百分红权，还能进行升值结算，如果虚拟面值升到5元，则能分到10000×（5-1），同时对这10000个奖励期权计划单位进行权益清零

由此可见，华为的全员持股制度并非一成不变的，而是在持续进化的，其核心是"以奋斗者为本"，让为华为做出突出贡献的员工能够获得更丰厚的分红，确保激励的公平性和持久性。如果说"以奋斗者为本"是华为的企业文化，那么"分钱的艺术"则体现了华为创始人任正非的格局和心胸，这也是很多企业难以复制的管理策略。

第二节

娃哈哈三股融合：财富取之于民用之于民

"甜甜的酸酸的，有营养味道好"，这是一代人熟悉的记忆，也是娃哈哈的辉煌相册。

1987 年，42 岁的宗庆后借了 14 万元，承包了杭州市上城区校办企业经营部，这就是饮料行业巨无霸娃哈哈的前身。了解娃哈哈历史的人都会对这样一张照片印象深刻：

创始人宗庆后蹬着一辆老式板车，只露出一个坚毅有力的背影，穿行在一群朝气蓬勃的小学生中间。这张照片便是娃哈哈发展的生动写照，靠着坚强不屈的奋斗精神和敏锐的市场感知能力，倚靠娃哈哈儿童口服液、AD 钙奶、营养快线、娃哈哈矿泉水等爆品，娃哈哈一举发展成为饮料行业的龙头企业。

成为中国饮料界领军人物的宗庆后个人财富也得到迅速积累，在 2010 年以 534 亿元的身价坐上了《福布斯》中国首富宝座，此后更是数次成为我国富豪榜的"霸榜"人物。

娃哈哈从地方性企业发展成为国际的知名品牌，离不开宗庆后的卓越领导才能，离不开爆品策略下的市场突进，更离不开三股融合发展的"股动力"。在许多人眼里，娃哈哈是名副其实的家族企业或民营企业。但从股权结构来看，娃哈哈核心企业即杭州娃哈哈集团有限公司，其实是一家国有资本占主导地位或控股地位的民营企业。

具体而言，杭州娃哈哈集团有限公司的股权结构呈现出三足鼎立格局，如图 1-2 所示。

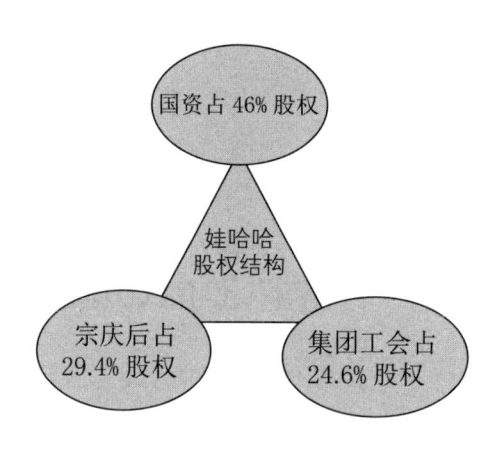

图 1-2 娃哈哈股权结构呈三足鼎立

1. 国资占 46% 股权

国资占大头。杭州市上城区文商旅投资控股集团有限公司作为国有企业，持有杭州娃哈哈集团有限公司 46% 股权。

2. 创始人宗庆后占 29.4% 股权

作为集团创始人的宗庆后，他持有杭州娃哈哈集团有限公司 29.4% 股权。

3. 集团工会占 24.6% 股权

杭州娃哈哈集团有限公司基层工会联合委员会（职工持股会）持有杭州娃哈哈集团有限公司 24.6% 股权。

从股权结构来看，杭州娃哈哈集团有限公司其实是一家混合所有制企业，既有国有资本的参与，也有民营企业家和公司员工持股。这种三足鼎立的股权架构，在娃哈哈发展过程中起到了关键性的作用。

国有资本的介入，起到了投资人和压舱石的作用，确保了娃哈哈的稳定性。一方面，国有资本的存在，能够在很大程度上为杭州娃哈哈集团有限公司补充现金流，使其在经营上轻装上阵；另一方面，国有资本的存在，为杭州娃哈哈集团有限公司筑起了一道安全屏障，避免了其被外部资本觊觎和围猎。

而宗庆后民营企业家的头衔，则确保了杭州娃哈哈集团有限公司始终有

第一章 巨头的股权智慧，创造财富普惠大众

清晰而明确的目标，公司从国家、民众、员工的利益出发，产品以质量取胜，娃哈哈官网数据显示，截止到 2022 年，娃哈哈累计销售额 8601 亿元，利税 1740 亿元，上缴税金 742 亿元。娃哈哈还成立了"娃哈哈慈善基金会"，用于从事扶贫、慈善、公益活动的运作。具有高度的社会责任感，可谓是"取之于民，用之于民"，并且始终保持满满的活力。作为民营企业家的宗庆后有远见、有才能、有魄力，不仅为公司指引了正确的发展方向，还建立了先进的管理、营销、文化制度，赋予了娃哈哈自我进化能力。

工会持股，通过工会持股制度，杭州娃哈哈集团有限公司与核心员工得以深度绑定为命运共同体，形成"一荣俱荣，一损俱损"的关系。在这种关系下，员工自然会将公司视为自己的第二个家，继而爆发出更强的主观能动性和创新力，这也是娃哈哈爆品频出的根本性原因。

杭州娃哈哈集团有限公司股权结构的另一大特点便是工会持股，即由基层工会联合委员会（职工持股会）持有公司 24.6% 股权。

除此之外，杭州娃哈哈集团有限公司基层工会联合委员会（职工持股会）还持有宗庆后直接持股的其他主要公司股份。比如，杭州娃哈哈集团有限公司基层工会联合委员会持有浙江启力投资有限公司 40% 股权，持有浙江真宗投资有限公司 40% 股权，持有杭州萧山顺发食品包装有限公司 34.53% 股权，等等。

宗庆后直接持股公司如图 1-3 所示。

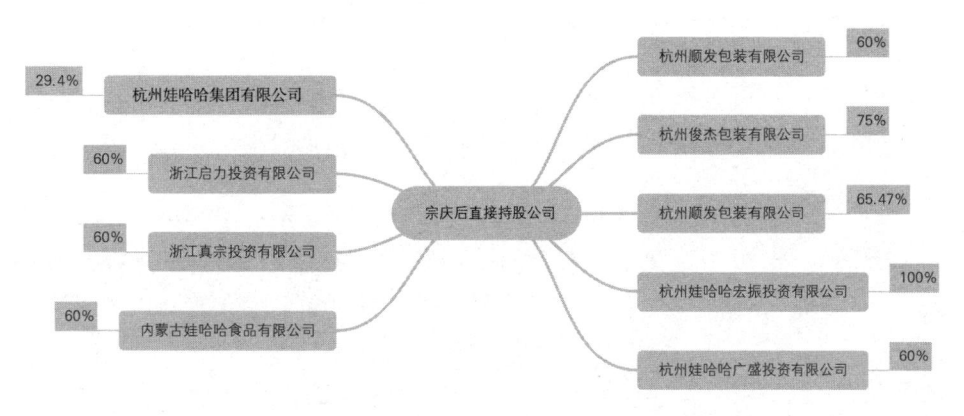

图 1-3　宗庆后直接持股并且存续的主要公司

杭州娃哈哈集团有限公司基层工会联合委员会（职工持股会）广泛而大量地持股，是娃哈哈股权激励计划和共同富裕理念的最直接体现。一方面，其代表员工持有多家公司股权，将员工角色由打工者转变为主人翁；另一方面，员工通过分红能够获得巨大的经济利益，能动性和创新性都有了质的提升。

　　不过，娃哈哈的工会持股和华为的工会持股有诸多不同之处，一个最主要的区别是华为股权架构更注重中心化，工会只在一家公司持股，假如以后华为有上市计划的话，只需要对工会持股做转换即可。而娃哈哈的股权架构则是网状的、去中心化的，职工持股不仅持有娃哈哈集团有限公司股权，还持有娃哈哈实业、杭州娃哈哈广盛投资有限公司等企业股权。

　　总之，娃哈哈的股权架构集合了稳定性、创新性和激励性优势，是其能够在饮料行业纵横捭阖的关键所在。

第三节

京东股权并购智慧：低廉成本获得优质资产

截至 2020 年 5 月，京东市值一度突破 5000 亿美元，成为全球最具价值的互联网公司之一。

京东的成功，除了得益于国内电商市场的迅猛发展，还和其借助股权并购跨界生长衍生出来的强大竞争力有直接关系。通过股权并购，京东得以在零售渠道、金融、物流等方面快速进化，继而确保自己始终能够在残酷的市场竞争中占据有利位置。

那么，京东是如何通过股权并购做到这一点的呢？主要有以下几点，如图 1-4 所示。

```
┌─────────────────────────────┐
│  拓宽零售渠道，提升核心竞争力  │
└──────────────┬──────────────┘
               ↓
┌─────────────────────────────┐
│  通过并购强化"科技+金融"双力  │
└──────────────┬──────────────┘
               ↓
┌─────────────────────────────┐
│       打造物流"超体验"       │
└─────────────────────────────┘
```

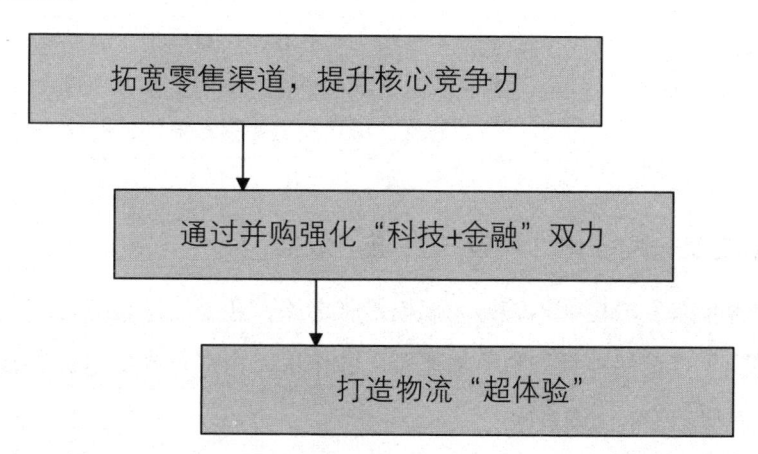

图 1-4　京东股权并购的三个特点

1. 拓宽零售渠道，提升核心竞争力

最初，京东在用户心中的品牌印记是非常单一的，很多人一提起京东，

首先想到的是传统单一的 3C 家电产品经营平台，抗风险能力相对较弱。

为了改变这种情况，京东开始行动起来，通过并购时尚电商千寻网络，走上了拓宽零售渠道之路。之后，京东又在电商平台上引入了汽车互联网、在线旅游、外卖等业态，大大丰富了京东商城的线上零售业务，为用户提供了多样化的消费选择。

在拓宽零售渠道的同时，京东也没有忘记打磨核心业务，通过一系列股权并购快速提升自身行业竞争力，如表 1-3 所示。

表 1-3　京东并购标的公司选择标准

并购标的公司选择	举例
供应链合作	并购沃尔玛旗下的一号店，借助沃尔玛全球领先的供应链快速打开国际电子商务市场
全渠道建设	并购天天生鲜和永辉超市，借助天天生鲜农产品直营的运营模式大大降低流通成本，倚靠永辉超市国内众多门店打造全新"新零售+连锁"生鲜销售渠道，给予用户更快更新鲜的消费体验
用户运营	并购一号店，借鉴其以用户为中心的先进用户运营理念，从产品、价格、服务上全方位提升用户的消费体验感，将用户变为京东的铁杆粉丝

2. 通过并购强化"科技+金融"双力

纵观京东发展史，不管是大规模扩张之路，还是改革转型之路，京东数科都起到了"定海神针"和"加速器"的作用，为京东成功塑造生态圈价值提供了源源不绝的动力。

比如，京东俘获用户芳心的秘密武器之一的京东快递，一直被冠以"快"和"准"的标签——自营商品当天或者次日送达，且商品的物流动态甚至运输车辆的位置等信息都做到了可视化，用户下单后可以非常方便地查看商品的相关信息。这种既快又准的消费体验，在快节奏的时代，无疑是非常受欢迎的，对用户而言是巨大的吸引力。京东物流之所以如此"快"和"准"，要归功于京东数科的科技赋能——通过构建"大数据＋物联网"的技术模式，为京东物流插上了腾飞的翅膀。

京东数科的前身是京东金融，是京东在并购网银在线基础上一步步发展起来的专注于科技、金融等领域的高科技公司。除了利用自身数字优势赋能物流外，京东数科还填补了京东"支付牌照"的空白，令京东在残酷的电商搏杀战中获得了更大的竞争优势，主要原因有两个，如图1-5所示。

```
┌─────────────────────────┐
│   拥有自己的支付平台    │
└───────────┬─────────────┘
            ↓
┌─────────────────────────┐
│ 为用户提供优质的消费体验 │
└─────────────────────────┘
```

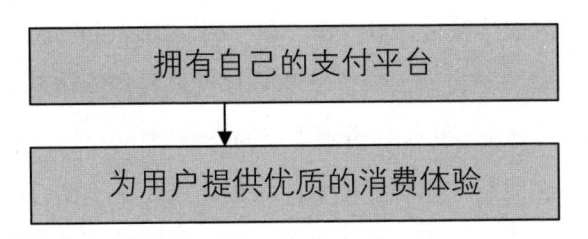

图1-5　京东在电商中的两个竞争优势

（1）拥有自己的支付平台

建立自己的支付平台后，京东得以节省数额庞大的第三方平台使用手续费。在没有并购网银在线前，用户需要通过第三方支付平台才能在京东商城快捷下单，京东需要为每笔交易支付相应的手续费。虽然单笔手续费看起来微不足道，但对京东这种日交易量超级庞大的电商而言，每年需要支付的总手续费数额非常可观。而建立自己的支付平台后，这笔手续费便可以节省下来，大大降低了京东的运营成本。

（2）为用户提供优质的消费体验

建立自己的支付平台后，京东能够为用户提供更加美好的消费体验。京东可以根据商品属性和价格，为用户定制相应的个性化付款方案，做用户最贴心的"金融消费顾问"。

3. 打造物流"超体验"

京东的核心竞争力就是用户体验，而物流则是用户体验的核心——对在线电商而言，谁能将商品在最短的时间内送到用户手中，谁能解决用户退、换货最后一公里的"痛点",谁就能快速打造好金字招牌,在激烈的竞争中站稳脚跟。

和其他电商采用的 B2B 物流模式不同,京东更钟情于 B2C 物流模式,即自建物流和仓储,以仓储为中心,以自家物流为放射线,将商品就近交到用户手中。这种模式大大缩短了商品的送达时间,令"当天达""次日达"成了用户决策时的重要参考因素。

实际上,京东的战略并非一切从零开始,而是在自建的同时通过股权并购方式将达达物流成功整合,对"快"和"准"实现了再定义。更重要的是,这次股权并购和资源整合,加快了京东零售模式和物流体系的融合步伐,形成了一个从供应商到各零售平台再到用户的良性循环路径。

可以说,京东股权并购跨界生长的过程,便是其不断打磨产品力和竞争力的过程。相对于一切从零开始,白手起家、股权并购让京东得以用较为低廉的成本获得优质资产和行业经验,继而在电商之路上一路狂奔,成长为现在的全球在线零售巨头。

第四节

贵州茅台私募股权：投资培育更多行业知名品牌

作为国内白酒行业"一哥"，财报显示，截止到 2023 年一季度末，贵州茅台的现金以及现金等价物余额达到 1578.19 亿元。

如何让这笔钱"活"起来，避免闲置浪费，成了茅台的主要任务之一。除了扩产增能和分红之外，茅台将目光锁定了私募股权投资，准备将这笔钱变为提升未来盈利能力的又一发动机。

1. 贵州茅台的私募股权投资之路

早在 2014 年，贵州茅台就与建信信托合作成立了茅台建信（贵州）投资基金管理有限公司，其中贵州茅台出资 1.53 亿元，持股 51%。

此后，茅台建信（贵州）投资基金管理有限公司开始遴选优质项目和公司，陆续投资了稻源科技、嘉美包装、衣拉拉、李子园、天宜上佳、中国盐业、万凯新材、新巨丰、白家食品、锅圈食汇等公司。

事实证明，茅台建信（贵州）投资基金管理有限公司的眼光是非常独到的，其投资的诸多公司中已经诞生了几只"金凤凰"。具体而言，李子园、天宜上佳、嘉美包装、万凯新材料等公司在获得融资后步入快速发展轨道，最终成功上市。此外锅圈食汇也正在积极推进港交所上市事宜，这将成为茅台建信（贵州）投资基金管理有限公司下一颗"金蛋"。

一系列股权投资的成功实例，更加坚定了贵州茅台继续布局私募股权的决心。毕竟，对于手握丰沛现金流的贵州茅台而言，经济周期性风险和二级市场波动风险是不得不面对的"大坑"，而通过周期性较长但收益稳定的私募股权投资，贵州茅台得以实现现金分散化配置，有效避坑。

除了眼光精准之外，贵州茅台的私募股权投资还非常"散"。这一点和其他白酒上市公司不同，其他白酒上市公司更倾向于大消费项目和公司以最大限度规避投资风险，贵州茅台的股权投资则显得比较"散"，既关注大消费项目，又青睐高端装备、新材料、新能源和生物技术。

2. 成立双基金借船出海

2023年8月2日，贵州茅台和中信证券旗下的金石投资有限公司等共同成立了茅台金石（贵州）产业发展基金（有限合伙），贵州茅台认缴55.1亿元。同日，贵州茅台和招商局资本等公司成立茅台招华（贵州）产业发展基金，贵州茅台同样认缴55.1亿元。

不管是茅台金石(贵州)产业发展基金还是茅台招华(贵州)产业发展基金，都采用了"双普通合伙人"的形式运作。

所谓"双普通合伙人"，是指由两位普通合伙人共同管理基金，这种形式在无经验一方认缴额超大的基金中并不鲜见。没有股权投资专业知识和经验，但认缴数额却特别巨大，动辄就是数十亿元，认缴额较大一方需要借助另一个普通合伙人的管理身份和经验有效管控项目投资风险。另外，无经验一方还需要向另一方的拥有专业知识的有限合伙人学习，以此来不断提升自身对股权投资基金的管理和运营经验。

茅台金石（贵州）产业发展基金的普通合伙人之一的金石投资，是中信证券旗下专业从事私募股权投资基金的子公司，曾经为诸多企业服务、智能硬件和医疗公司提供发展急需的资金，培育出了华大基因、隆平高科、康龙化成、铂力特等优质股。

而茅台招华基金的另外一位普通合伙人招商资本，是招商集团和普洛斯的合营公司，有着丰富的资产管理经验，截止到2022年年末其管理的资本总额逾3000亿元，投资项目包括比亚迪半导体、寒武纪、科大讯飞、小马智行、亿纬锂电、长远锂科、亿纬锂能、长鑫存储、天宜上佳、中国盐业、万凯新材、新巨丰等知名公司。

通过与金石投资、招商资本的合作，贵州茅台得以在大消费、高端装备、新材料、新能源、生物技术、信息技术等领域储备更多经验和资源，"抓住"更多潜力股，确保投资行为更加安全，投资收益更加稳健。如图1-6所示。

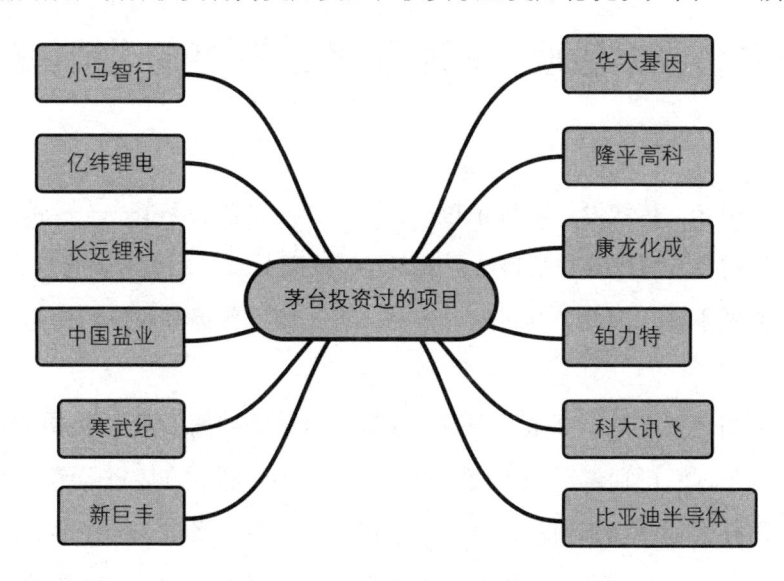

图1-6　贵州茅台投资过的项目

可以预见，在不久的将来，贵州茅台除了核心的白酒业务之外，股权投资也会成为支柱性业务，在为自身积累庞大财富的同时，也会培育出更多行业知名品牌，成为推动我国经济发展的重要力量。

第五节

泸州老窖股票激励：配股把经销商变成"销售部"

众所周知，传统酒厂对外销售产品，经销商是核心渠道——经销商卖出去的产品越多，酒厂效益就越好，反之，经销商不给力，卖出去的产品很少，酒厂效益就不好。因此，为了提升效益，各大酒厂普遍都对经销商进行相应的激励。

在泸州老窖之前，现金返利是各大酒厂激励经销商的常用举措。在这种激励模式下，酒厂通过对经销商提货和销售进行返利，直接将经销商运营成本和业绩挂上钩。简单地说，就是经销商提货越多，卖出去的产品越多，酒厂给予的现金返利越多。这种激励模式在一定程度上提升了经销商的主观能动性。

但大家都采用同样的激励方法，便等于站在同一起跑线上，在产品品质没有质的优势的情况下，单个酒厂很难获得更强的营销能力。为了在更大层级上调动经销商的能动性，获得更加强大的营销力，泸州老窖采用了一种与众不同的股权激励方式，成功地将原本独立的经销商变成了"自己人"。泸州老窖的传统经销商既有规模较大的零售批发公司，也有各个地区规模较小的烟酒代理点。对这些经销商而言，最基本也是最迫切的需求就是赚到钱，且越多越好。

针对经销商的这种需求，泸州老窖采取了双管齐下的激励战略，如图1-7所示。

```
┌─────────────────────────────┐
│ 现金返利满足经销商短期盈利 │
└─────────────────────────────┘
              ↓
┌─────────────────────────────┐
│ 共享利益发展经销商成为股东 │
└─────────────────────────────┘
              ↓
┌─────────────────────────────┐
│ 用柒泉模式深度绑定经销商   │
└─────────────────────────────┘
```

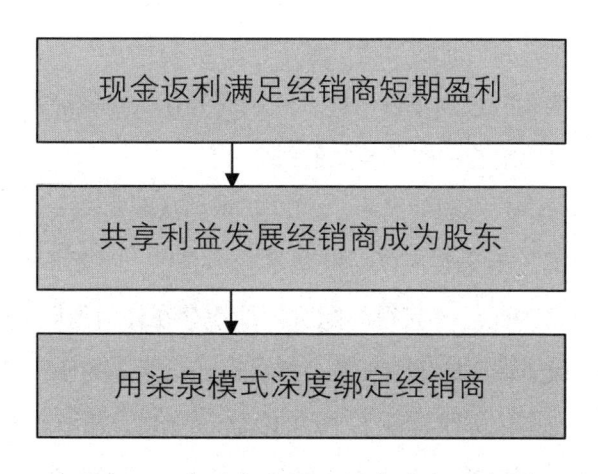

图 1-7　泸州老窖对经销商的激励战略

1. 现金返利满足经销商短期盈利

满足经销商短期盈利的需求，只要能够完成承诺的销售目标，就会给予现金返利。简单地说，就是完成既定目标能够获得相应比例的现金奖励。

2. 共享利益发展经销商成为股东

有意愿且符合标准的经销商，可以成为泸州老窖的股东，和泸州老窖一起共享发展利益。

如何让经销商成为股东，共享发展的巨大利益呢？泸州老窖的做法是针对经销商专门增发股份。经销商能够获得多少股份取决于他们为泸州老窖创造价值的大小：创造价值越大，能够获得的配股就越多。

比如，如果经销商能够完成 10 亿元的销售额就会获得 100 万的配股。也就是说，假如一个经销商销售能力超级强，一年销售出 10 亿元的泸州老窖产品，那么它就能"独享"这 100 万股，成为泸州老窖的股东，享受股东对应的各项权利。当然，一般的小经销商是没有这种能力的，他们只能完成部分，比如，完成了 1000 万元的销售额，那么其便可以获得 1% 的股份，也就是 1 万股。

但这 1 万股并不是免费赠送给经销商的，想要拿到手，需要花钱购买，而且一分钱都不能少。例如，泸州老窖在上市后推行的一期股权激励计划，每股价格为5.8元，和当时的市场价是一样的。

既然要花钱购买，还和市价一样，经销商为什么在做泸州老窖"推销员"的同时，还心甘情愿地花钱购买他家的股票呢？

答案是，买得越多，赚到的越多。要知道，单纯从股市购入泸州老窖的股份，是存在一定风险的，因为买入以后股票是涨还是跌，谁都不能做出准确的预测。但是经销商从泸州老窖获得的配股，却不存在任何风险——只要进了泸州老窖的货，完成了相应的销售任务，便可以在一年内的任何时间以每股5.8元的价格买入，在市价每股超过5.8元的情况下卖出，赚取差价。

站在经销商立场上想一想，假如销售其他品牌白酒的话，只有单纯的现金返利，而销售泸州老窖的话，在获得现金返利的同时，还有配股分红，而且没有风险，谁能经得起这样的诱惑呢？

3. 用柒泉模式深度绑定经销商

为了对经销商做进一步激励，泸州老窖又在各个地区成立了柒泉公司。柒泉公司的股东主要由两类人群组成：一类为泸州老窖各大地区的经销商；另一类则是泸州老窖原来的销售人员（和泸州老窖解除劳动关系后入股柒泉公司）。

泸州老窖以折扣价向柒泉公司供货，而各个片区的经销商则从该片区的柒泉公司进货。在这种模式下，各个地区柒泉公司的利润主要来自公司的低价供货和国窖等产品提价后得到的分成。

通过柒泉模式，泸州老窖成功地在公司、经销商和营销人员之间编织了一条利益链条，打造了一个利益共生体。营销人员的加入，大大提升了各地柒泉公司的销售收入，而柒泉公司销售收入的提升，则会让作为股东的经销商获得更大的利益，反过来更积极主动地维护泸州老窖品牌，推销泸州老窖产品。

但是柒泉模式存在非常大的缺点——由于泸州老窖未曾参股，导致其对各地柒泉公司的掌控力度不足，不能严格控制各地区经销商为了赚取最大利润而低价卖酒的短视行为，而这种行为会整体拉低泸州老窖的品牌价值。因此在 2015 年时，泸州老窖废止了该模式，开启了单品策略。

在单品策略指导下，泸州老窖成立了国窖 1573、特曲、窖龄三个品牌公司，每个专营公司依旧由优秀的经销商和区域销售人员参股，但只经营单个品牌。专营公司旗下设立多个专营子公司，子公司仅有一级经销商、团购商和终端客户。泸州老窖销售公司则负责统筹工作，制定相应的营销策略和计划，统一部署营销任务。单品策略既用股权激励了经销商，又杜绝了其低价卖酒的短视行为，取得了巨大成功。

泸州老窖创造了以股权激励下游经销商的全新营销模式，不仅成功地将之前松散的经销商群体变成了自有的品牌专营商，还成功地打造了一个同舟共济命运共同体，让经销商自发维护泸州老窖品牌，更加积极地推销泸州老窖产品。

第六节

理想股权融资法宝：独具一格的行业标杆

根据理想发布的2023年财报，理想全年营业收入达到了惊人的1238.5亿元，同比增加了173.5%，净利润同比扭亏为盈，达到118.1亿元。毋庸置疑，作为造车新势力的理想汽车，向市场和股东交出了一份非常漂亮的答卷。千亿营收、百亿利润背后是理想汽车超预期的交付量。2023年，我国新能源市场竞争趋于白热化，众多品牌的新能源车企使出浑身解数，比拼产品力、营销力和渠道力，意图更快地俘获消费者芳心。

但市场是无情的，也是公平的，2023年，大部分车企因日益加剧内卷的市场环境而没有完成年度目标。比如，作为全球新能源汽车标杆的特斯拉，其创始人确定的交付目标为200万辆，但实际只交付了184.6万辆。与此形成鲜明对比的是，理想不仅完成了全年任务，而且交付达成率为全行业第一，高达125%。

除了交付达成率高居行业第一外，理想汽车的交付速度也是行业最快的。整个2023年度，理想汽车一共向用户交付了376,030辆，同比增长了182.2%，是中国新能源汽车公司中唯一一家增速超过100%的车企。

理想汽车凭什么成为消费者心目中的首选呢？主要是因为其独具一格的品质，如图1-8所示。

不可替代性 → 强化产品力 → 细分市场

图1-8 理想汽车的特点

1. 不可替代性

理想汽车重新定义了"家用"。在传统车企眼中，家用是代步，是经济，是实惠，越简单越省钱越便宜越被用户所钟爱。但是理想却将家用等同于"冰箱彩电大沙发"，将自己定位为消费者出行的"奶爸"，将舒适、便捷做到了极致。简单地说，便是理想汽车做出了差异化，成功打造出了自己的不可替代性。

2. 强化产品力

以增程强化产品力，消除用户续航焦虑。相对于传统的燃油车，新能源汽车最大的缺点便是续航不足，用户普遍担心"开着开着没电了"，特别是对有城际使用需求的用户，这种续航焦虑更为强烈。而理想汽车主打增程路线，以"高续航"为卖点，集统燃油汽车和纯电汽车的优点于一身，让用户在享受新能源红利的同时彻底放下了续航焦虑。

3. 细分市场

理想汽车的大卖还和其对市场细分有直接关系，理想汽车创始人在直播时明确表示理想不会生产20万元以下车型。可见，理想汽车的目标消费群体是有强大消费能力的中产。事实也证明了这一点，在30万元以上新能源汽车市场，理想汽车占有率高达三成以上，而在20万元以上的新能源汽车市场，理想更是成为仅次于特斯拉的市占率中国品牌。

理想的逆势发展，并非偶然，除了创始人李想抓住了新能源汽车全面崛起的风口之外，还和其善于股权融资，用别人的钱做自己的车有很大关系。

李想于2015年创立车和家（后改为理想汽车）时，目标是打造一个"千亿美金以上的公司"。官宣那天，李想在微博写道：车和家不仅仅是造车，更要改变未来的出行。

但理想是美好的，现实却非常"骨感"，对理想汽车而言，如何获得研发新能源汽车的庞大资金支持，是一个必须解决的问题。因为研发新能源汽车需要庞大的现金投入，称之为"烧钱"也不为过，所以想要生存下来并发展壮大，理想汽车就必须找到自己的资金源。

但理想的融资之路并不顺利，甚至可以用"艰难"二字来形容。对于企业来说，出现融资难的因素有很多，不过，对于理想来说，最主要的因素有以下几点，如图1-9所示。

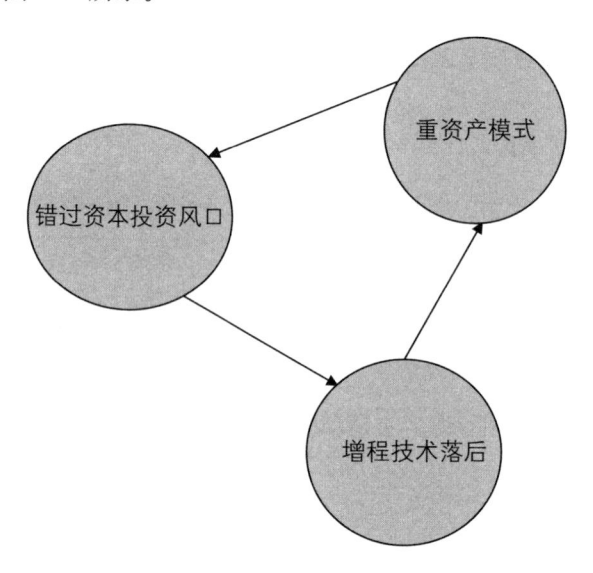

图1-9 理想融资难的主要因素

1. 错过资本投资风口

理想起步较晚，当时各大投资机构基本都有了"意中人"。比理想起步早一年的蔚来、小鹏等新势力造车厂商，先后获得了产业巨头和各大顶级投资机构的青睐和大笔资金，在这种背景下，诸多资本不可能再次大规模投资另外一家造车新势力。

2. 重资产模式

一开始便自建工厂的重资产模式，会让追求短期高回报率的资本望而却步。很多造车新势力采用的是"贴牌生产"的轻资产模式，通过和有造车资质的厂家合作降低造车投入。而理想汽车创始人则走上了一条自建工厂之路，前期较大的投入，对投资人的吸引力显然是不足的。

3. 增程技术落后

有别于主流的增程式技术路线认可度不高。理想汽车主推的增程式技术，一开始并不为投资人看好——很多投资人认为纯电才是新能源汽车的未来，增程技术相对落后。

基于此，理想汽车最初寻找外部投资机构时，吃了很多闭门羹，导致其现金流一度非常紧张，不得不通过严苛的成本控制节约资金。比如，理想汽车的公司行政要求员工出差时，必须购买折扣最低的经济舱；发布会或者庆祝仪式要一切从简，把刷存在感的东西全部去掉；所有投资人、客户到理想汽车公司或工厂，吃的是盒饭，还要自费住酒店……

转机的出现是因为王兴和张一鸣的投资，在创始人李想的不懈努力下，这两位在各自行业有着巨大影响力的商业奇才不仅为理想带来了急需的现金流，还为其做了信任背书——在王兴和张一鸣投资理想汽车的消息传出后，理想汽车在其他投资机构眼中的价值迅速增长，股权融资之路才变得顺畅起来。

理想汽车部分融资轮次如表1-4所示。

表1-4 理想汽车部分融资轮次一览表

年份	轮次	投资人	资金总额
2015年10月	Pre-A轮	明势资本	未披露
2016年5月	A轮	成弘资产、发现创投、梅花创投、常州武南新能源、明势资本、宁波源建、蓝驰创投、源码资本、利欧股份等	7.8亿元
2017年9月	A+轮	深圳市嘉源启航创业投资、宁波梅山保税港区泓展股权投资、杭州园景乐驰股权投资基金、蓝驰创投、西藏源尚股权投资、嘉兴自如一号股权投资、梅花创投、利欧股份等	6.2亿元

续表

年份	轮次	投资人	资金总额
2017年10月	Pre-B轮	航嘉源投资、上壹吉鸿投资、山行资本、中金甲子、StarVC	数千万元
2018年3月	B轮	山行资本、泛城资产、明势资本、源码资本、银泰集团、蓝驰创投、新能源基金、经纬中国	30亿元
2018年11月	股权转让	山行资本	千万级美元
2019年8月	C轮	天壹资本、灿谷、京冀资本、亚信华创、字节跳动、蓝驰创投、首钢基金、经纬中国、美团点评、天使投资人王兴	5.3亿美元
2020年2月	股权融资	中金资本	未披露
2020年6月	D轮	美团、李想	5.5亿美元

通过一轮又一轮的股权融资，理想汽车获得了充沛的现金流，得以快速建立自己的工厂，研发出独具一格的新能源汽车，继而一路飞驰，成为造车新势力中的领头羊。

第七节

小米股权投资策略：借"势"搭建产业生态链

一提起小米公司，很多人首先想到的是高性价比的小米手机。其实，小米公司的产品结构是网状的，除了智能手机，还涉及新能源汽车、笔记本电脑、平板电脑、智能手环、扫地机器人、空调、电视、冰箱、电动牙刷等。通过投资生态链企业，小米公司已经建立了一个覆盖"人车家"生活领域的生态链企业联邦。

小米公司搭建产业生态链的秘密武器是股权，即通过股权投资的方式投资上下游公司和系统关联公司，在降低生产成本的同时提升核心竞争力。

早在2013年时，小米公司便开启了"生态链投资计划"。彼时，小米公司主要利用三个平台进行生态链投资，编织产业大网，如图1-10所示。

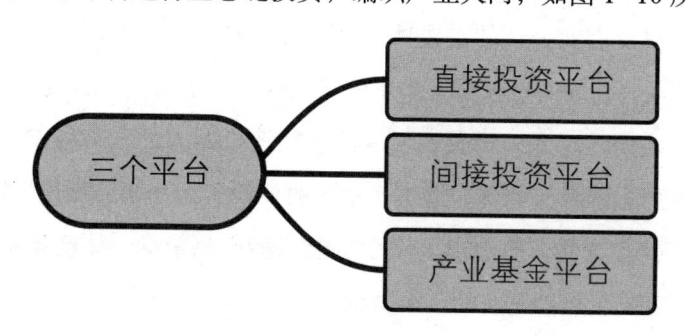

图1-10 小米生态链投资的三个平台

1. 直接投资平台

小米公司和旗下的瀚星创业投资有限公司等，对有价值的项目和公司进行直接投资。

2.间接投资平台

小米全资控股的两家私募股权机构——小米私募股权基金管理有限公司和天津金星创业投资有限公司。通过这两家私募股权机构，小米公司能够对目标项项目和公司进行间接投资。

3.产业基金平台

小米长江产业基金是由小米公司和湖北省长江经济带产业引导基金合伙企业共同发起设立的。

而为外界所熟知的顺为资本，更侧重短期内的财务回报，只有当目标项目或公司具有较强的战略性意义时，其才会和小米公司合作投资。

通过这三大主要投资平台，小米公司根据自身发展战略和市场发展趋势，陆续进行了一系列产业链股权投资。

最初，小米公司发展战略的焦点是智能手机业务，希望将其打造成连接各种场景、满足各类人群需求的移动互联终端。因此，在这一时期，小米生态链投资的主要方向是和手机有关联的公司，如硬件、文化传媒和企业服务等。

小米创始人雷军曾经说过，"站在台风口，猪都能飞上天。"这句话道出了"借势"对于创业公司的重要性，小米公司的崛起，也是因为抓住了智能硬件行业的风口，同时也拉开了小米公司股权投资生活类生态链的大幕。

在这一时期，小米公司投资了专注于扫地机器人的石头科技，入股了智能硬件研发企业紫米，等等。通过一系列股权投资，小米公司得以围绕手机、智能系统等核心产品，打造出了一个智能生活产品帝国，让遍布全国各大城市的小米之家成了名副其实的"杂货铺"。

"故善战者，求之于势"，小米当下又借着新能源这股东风，将投资焦点转向了新能源汽车，为实现"人车家"战略打下坚实的基础。小米公司是蔚来、小鹏等新能源汽车黑马公司的早期投资人，其间陆续投资了中创新航、蜂巢、比亚迪半导体、速腾聚创、黑芝麻等电池、汽车零部件、智能驾驶头部公司，为小米公司研发和快速量产新能源汽车构建了最基础的产业生态链条。

小米公司利用股权投资的方式，构筑起了涉及生产制造、硬件、文化媒体等领域的产业生态链条，继而赋予了产品无与伦比的竞争力。

小米在扶植产业生态链公司时，主要采用了五种方式，如图 1-11 所示。

股权投资 → 培育支持 → 研发、设计支持 → 供应链提效 → 品牌赋能

图 1-11　小米扶植产业生态链公司的五种方式

1. 股权投资

对一些战略意义重大、成长潜力巨大的项目或公司进行股权投资，成为其股东，为其提供资金、管理等方面的支持。

2. 培育支持

对于发展阶段的生态链公司，小米公司会提供力所能及的培育支持，诸如人力、管理、渠道等各种资源。

3. 研发、设计支持

对于投资的公司，小米公司会利用自身强大的研发和设计能力，帮助生态链公司推出更具市场力的生态链硬件和软件爆品。

4. 供应链提效

小米公司会利用自身强大的供应链和更强大的市场议价能力，帮助生态链公司以更加优惠的价格获得生产资料，提升运营管理效率，这样能大幅降低生产和经营成本。

5. 品牌赋能

品牌在企业发展中的作用至关重要，小米通过统一运用更具辨识度和影响力的"小米"品牌，为生态链公司品牌大幅度赋能，帮助他们迅速提升企业知名度和行业地位。

正是有了小米公司的全方位赋能，一大批小米产业生态链企业得以快速崛起，迅速跻身行业领先地位，成为业内黑马。其中以石头科技、云米、华米、九号机器人等为代表的小米生态链公司尤为耀眼，大有再造诸多小米公司之势。

可见，小米公司的股权智慧，不仅仅聚焦于激励员工，还将股权打造成了编织生态链条的"网绳"，将传统的单品竞争变为各行业能力融合的"降维打击"。

第二章

股权架构设计，企业经营的核心命脉

第一节

做"活"股权，疏通企业财富的进水管

股权，顾名思义，就是股份有限公司或者有限责任公司的股东对公司享有的管理和财产权益的一种综合性权利。简单地说，随着公司的不断发展，公司就拥有了一定数量的股权，股东不仅可以从公司获得对应的经济利益，还能参与公司的经营管理。

股权之于公司的重要性再怎么强调都不过分——优秀的股权结构能够让公司创始人牢牢掌控控制权；优秀的股权结构能够将公司上下拧成一股绳，形成一个利益共同体，不但能携手并肩一起经营公司，还有助于把公司做强做大传承下去，真正做到"兄弟同心，其利断金"。

可见，重视股权，做活股权，才是企业持续发展的重中之重。

为什么才华横溢的乔布斯会被自己创办起来的公司扫地出门？

为什么任正非能够凭借着不到1%的股权统领华为？

为什么瑞幸能够从一家最初无人问津的小店快速发展为全球性的咖啡品牌？

答案很简单，就是做活了股权。

俞敏洪说："在这个重新界定的时代，谁将自己当老板看，谁死得最快！"这话说出了当前企业发展的必然趋势，那便是合伙——在移动互联和共享经济迅猛发展的今天，谁想单打独斗，谁想将公司搞成"一言堂"，谁便会被时代抛弃。

某位身价早已经过亿的企业创始人，却不喜欢员工喊他"老板"，因为他

第二章 股权架构设计，企业经营的核心命脉

是从草根一步一步实干出来的企业家，一直将自己当作公司的合伙人而非"老板"。在每年的公司员工大会上，他总是强调自己的合伙人身份："我只是公司的合伙人、股东，这个公司是大家的，属于所有的持股者。"

可见，越有本事的创始人，越不把自己当老板。一是，社会资源异常分散，只有掌握各种资源的合伙人彼此互补配合，才有可能在竞争异常激烈的市场上分得一杯羹；二是，将有能力的员工变为股权合伙人，是打造利益共同体最简单最有效的方式，而利益共同体是激发员工创新创业激情的钥匙。

而合伙创业，必然就要涉及股份。

创业之前，几个志同道合的人聚在一起，发下"共同实现梦想，一起成就一番事业"的誓言。大家怀揣美好的期待，有资金的出资金，有技术的出技术，有管理经验的出管理经验，有人脉的出人脉……在大家齐心协力的奋斗下，公司创办起来了，并且在行业内有了一定的名气。

名气有了，公司自然而然地被资本大鳄盯上了。这些大鳄会采用逐个击破的手段，将几个合伙人手中的股权买进，在总股权过半数的情况下，即使有个别合伙人激烈反对，也改变不了公司易主的结局。于是，花费了无数心血，寄托了最终梦想的公司就这样被大鳄抢走。

是不是非常心痛？这样的例子其实不在少数。但不可否认，这个世界上总有那么一小部分人例外，尽管他们的创业路也充满了各种不确定性，有挫折，有失败，也曾面临恶意收购的危机，但最终还是挺了过来——他们的公司跻身行业第一梯队，他们的人生书写了传奇。

他们是怎么做到的呢？只要我们对其稍加分析，便会发现这些人除了自身拥有强大的商业感知能力和坚定如铁的信念外，还非常重视股权，善于利用股权掌控公司，整合资源。

京东的快速发展离不开一次次的对外融资，但外部资本的大量进入，必然会稀释创始人的股权，降低其对公司的控制权。因此，在京东上市前，刘强东和11家投资人达成了"将投票权委托给刘强东行使"的共识，继而确保

其在持有 18.8%（不包含代持的 4.3% 激励股权）的情况下掌控京东过半数的投票权，继而实现对京东的绝对掌控。

由此来看，一家企业想要快速发展，在行业内做强做大，能否高效整合各方面的资源是前提。而整合资源的核心，就是把股权做"活"，让股权流动起来，这是促进企业发展关键的因素，如图 2-1 所示。

打造产品生态链条 ← 企业做"活"股权的作用 → 有效地整合资金

图 2-1 企业做"活"股权的作用

1. 打造产品生态链条

股权流动起来，可以帮助企业构架生态跨界模式，打造完整的产品生态链条。

2. 有效地整合资金

让股权流动起来，可以帮助企业有效地整合资金，实现资本运营之道。

很多创始人都知道企业要想正常运营，要想快速研发出受市场欢迎的爆品，要想迅速占领消费者心智，需要持续在管理、研发、营销等方面投入资金。假如公司账户上没有资金怎么办？这个时候我们便可以让股权流动起来，将股权换成现金。

腾讯刚刚创立时，因为在行业内没有名气，前进道路上最大的拦路虎就是缺少资金——没有资金，腾讯就不能快速地将设计图变为产品，就不能快速铺开市场扩大规模。于是马化腾便四处"化缘"，希望找到大金主为公司发展注入急需的资金。后来，有朋友建议马化腾试一试 VC，他听了后大脑一时"宕机"，还以为对方让他吃点维生素，再仔细一打听，才知道所谓的"VC"说的是风险投资。

此后，马化腾对股权的价值有了更深的认知，带领腾讯走上了一条股权融资之路。通过一轮轮的融资，腾讯获得了充足的现金流，在高科技行业开启了狂飙突进之路。

可见，股权是公司的生命线，掌控了股权才能牢牢掌控公司的控制权，激活了股权，才能确保公司驶入发展的快车道。

第二节

顶层架构设计，保驾护航的五种公司

在公司顶层架构设计中，存在着五种不同用途的公司类型，如图 2-2 所示。

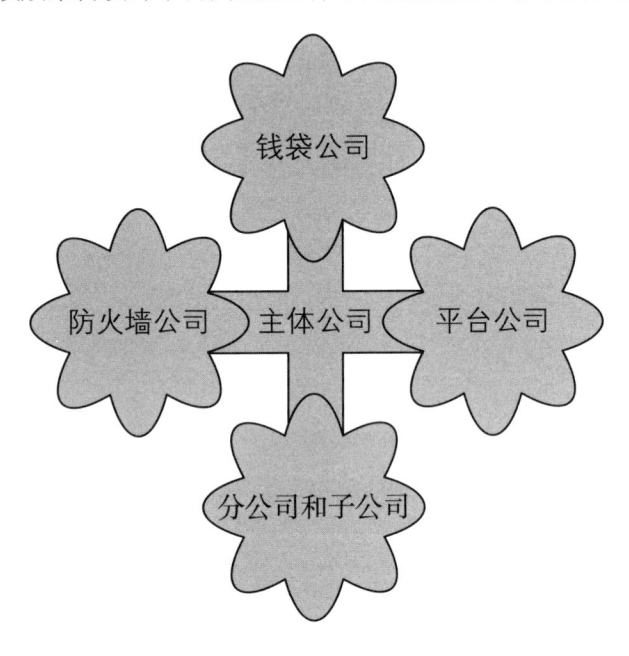

图 2-2 公司顶层架构中的五种类型公司

在这五种类型的公司中，每一个类型的公司对应着一种基本用途，用对了可以起到事半功倍的效果，获得意想不到的收获；用错了，让企业事倍功半，浪费大量资源做无用功。

因此，一个充满智慧的公司创始人在设计公司顶层架构时，会根据自身实际需求选择最适合的公司类型，确保需求和公司形态在功能上完美契合。

1. 主体公司

所谓"主体公司",是指开展实际业务的公司,是企业框架结构中的最核心的财富。对创始人而言,主体公司主要是用来做有价值的项目,解决的是"值不值钱"的问题。

比如,一家环保投资咨询企业,旗下设有投资公司、风电设备制造公司、太阳能面板制造公司、动力电池制造公司等,其中风电设备制造公司、太阳能面板制造公司和动力电池制造公司是开展实际业务的公司,也是该环保投资公司的核心价值,它们便是该企业的主体公司。

当前,主体公司通常以"有限责任公司"的形态注册。有限责任公司以其全部资产对自身债务承担责任,公司股东以出资额为限对公司的债务承担有限责任。简单地说,就是在公司资产无力清偿公司债务时,股东并不需要用自己的全部财产替公司还债。

在公司顶层设计中,主体公司是最核心的盈利点,承担的是为公司"持续创造价值"的任务。因此在设置主体公司时,要慎之又慎,创始人既要确保对其绝对控制,又要最大限度地利用股权整合资金、管理、渠道等资源,获得更加强大的市场创新能力。

2. 分公司和子公司

为了更好地开展业务,主体公司会在经营板块的细分基础上成立分公司或者子公司,比如研发公司、销售公司、制造公司等。

分公司和子公司的主要区别如表 2-1 所示。

表 2-1 分公司和子公司主要区别表

区别点	分公司	子公司
法律地位	不具有独立法人地位,由母公司承担民事责任	具有独立的法人地位,依法承担民事责任

区别点	分公司	子公司
管理方式	没有自主管理权限，需要接受母公司直接管理和统一部署	拥有较大的自主管理权限，母公司对其只能进行间接管理
税收政策	纳入母公司税收体系，企业所得税由母公司缴纳	进行独立核算，对外承担独立税收义务

需要注意的是，虽然设立分公司和子公司的目的都是为了进一步拓展市场，赚取更多的利润，但在具体操作时需要"对症下药"。

什么情况下设立子公司比较合适呢？假如企业因为业务发展需求，要开拓新地区的市场，或者想要跨界经营，进入一个新的行业，设立子公司是最佳选择。因为面对一个不熟悉的市场和环境，新设立的公司需要拥有更高的自主权，而子公司具备独立法人地位，能够更灵活地面对瞬息万变的新市场，母公司需要承担的经营风险也会低很多。

什么时候设立分公司比较合适呢？假如公司需要整合资源或者实现研发、销售等特定目标，设立分公司将是最佳选择。因为分公司可以充分利用母公司的资源，更高效地整合相关业务，更专注地聚焦某一目标。

3. 防火墙公司

防火墙公司，顾名思义，是指在家族公司架构中设立的一种用来隔离资产和风险的公司实体。我们可以想象这样一种场景：一边是家族积累下来的海量财富，一边是可能出现的公司经营风险，在它们中间则有着一堵坚不可摧的防火墙。如此一来，即使关联公司经营失误积累海量债务，也不会殃及个人和家族的财产。

在股权架构中，防火墙公司是一个注册资金很少的有限责任公司，能起到保护创始人和家庭资产的作用，能减少公司发生变故时所遭受的损失。除此之外，在税务筹划中，还可以有效降低主体公司的税收负担。

典型的防火墙公司架构如图 2-3 所示。

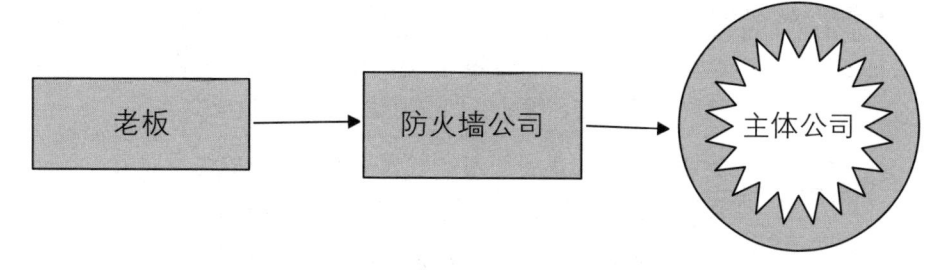

图 2-3　典型防火墙公司架构

需要注意是，要想确保防火墙足够"防火"，在设置防火墙公司时要坚持三个"务必"，如表 2-2 所示。

表 2-2　防火墙公司设置三个"务必"

三个"务必"	解释
务必是有限责任公司	有限责任公司股东对债务承担有限责任，而个人独资、一人公司等形式则需要承担无限责任
务必实缴注册资本金	防火墙公司的注册资本金越少（通常为50万~100万元），防火墙的防火属性就越强，且必须实际缴纳，否则发生变故时创始人就必须按照注册资本金承担更大的责任
务必不要百分之百持股实体公司	防火墙公司不能百分百持股实体公司，否则就会将之变成全资控股子公司。在这种情况下，如果出了问题，防火墙公司需要承担全部责任，而实体公司是多股东公司的话，出现经营风险后防火墙公司仅仅按出资额承担有限责任

4. 平台公司

平台公司，是指通过搭建信息生产、浏览和互动的平台，通过提供免费服务吸粉引流，以广告、增值服务盈利的企业。平台公司的主要功能是整合各方资源，打通设计、生产、销售等渠道，为客户提供全链条服务。

平台公司的成长可以分为三个阶段，如表 2-3 所示。

表2-3 平台公司成长阶段表

成长阶段	注释
婴儿期	这个时期的平台公司覆盖范围比较狭窄,只能为两方或多方建立有效连接,帮助它们快速整合资源,达成交易
发展期	能够快速地为平台所有关联方提供全方位的优质服务,帮助它们创造更大的价值,并在此基础上进行创新
成熟期	平台向客户提供的信息更加全面,内容更加丰富,能够针对用户的需求提供更有深度的资源、流程、产品等解决方案,最终建立起一个闭环的生态圈

5. 钱袋子公司

钱袋子公司的存在主要是为了预防可能出现的经营风险服务的,它既可以归关联公司的分红、存钱,也可以向关联公司注资、撒钱。我们可以这样理解,钱袋公司在整个企业体系中类似于一个保险箱,主要用来收钱和撒钱,并不开展实际的经营活动。

钱袋子公司通常以个体工商户、个人独资或者有限合伙的形式存在。这种形式能够确保创始人对公司拥有百分百掌控权。

为什么要设立钱袋子公司呢?主要有两个作用,如图2-4所示。

让公司的资金更安全 — 钱袋子公司 — 降低分红和投资成本

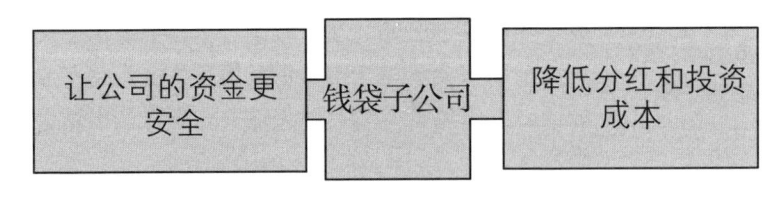

图2-4 设立钱袋子公司的作用

1. 让公司的资金更安全

如果开展实际业务的主体公司完全掌握资金的话,一旦遇到不可控的经营风险,那些一年又一年积累下来的财富很可能顷刻间"败光"。而将利润存放在钱袋子公司内,则可以让资金更加安全。

2. 降低分红和投资成本

通过钱袋子公司还可以做税务统筹，降低分红和投资成本。因为钱袋子公司的受益人一般是家族企业和创始人信任的人经营，能把承担的无限责任变成有限责任，根据《中华人民共和国企业所得税法》（主席令第63号）第二十六条二项规定："符合条件的居民企业之间的股息、红利等权益性投资收益作为免税收入，免缴企业所得税。"也就是说，符合条件的居民企业之间的股息、红利，免征企业所得税。即钱袋子公司的收入不用交个人所得税，只要直接购置房子、车子等即可。此外，若需要用到现金，还可以享受返税税收优惠政策，即减免税费。

第三节

控股公司架构，创始人的"变身"游戏

在公司的发展过程中，股权架构设计不但决定了创始人以什么样的形式实现对企业的掌控，而且还决定了外部资源和内部员工与企业之间的关系。因此，在进行股权架构设计时，创始人需要根据自身的实际情况、企业发展战略等因素灵活选择最适合企业的架构方式。

1. 自然人直接持股架构

顾名思义，所谓自然人直接持股架构，就是由多个自然人直接持有核心公司的股权。比如，一家投资公司中，大股东甲持股45%，二股东乙持股30%，三股东丙持股15%。其他四个小股东持有公司10%股份，那么这家投资公司便是典型的自然人直接持股架构，如图2-5所示。

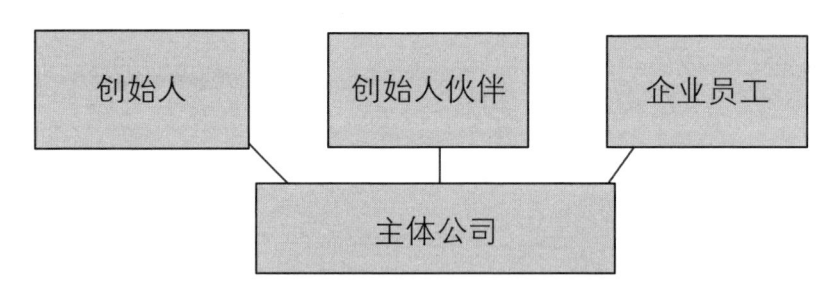

图 2-5 自然人直接持股架构

自然人直接持股架构最显著的优点是构架简单，特别是在创始人白手起家、公司商业模式还未成熟的大背景下，掌控公司并不需要搭建新的持股平台，可以在大大降低金钱和时间成本的基础上，高效整合各项资源，助推企业驶入发展的快车道。

除此之外，自然人直接持股架构还具有一个比较明显的优点，即股权转让税率统一，可预期性较强。个人直接持股，在转让股权时需要交纳个人所得税，税率统一，可预期性强。而通过有限合伙企业持股，转让出资份额时各地税种和税率不统一，存在诸多不确定性。

但需要注意的是，自然人直接持股的股权架构同样存在风险隔离能力差、控制权难以集中、再投资赋税较高等缺点，因此仅适合公司发展初期使用。

2. 有限合伙架构

在有限合伙架构中，股东不直接持有目标公司的股权，而是通过有限合伙企业作为持股平台，间接持有目标公司股权，掌控目标公司运营方向，如图 2-6 所示。

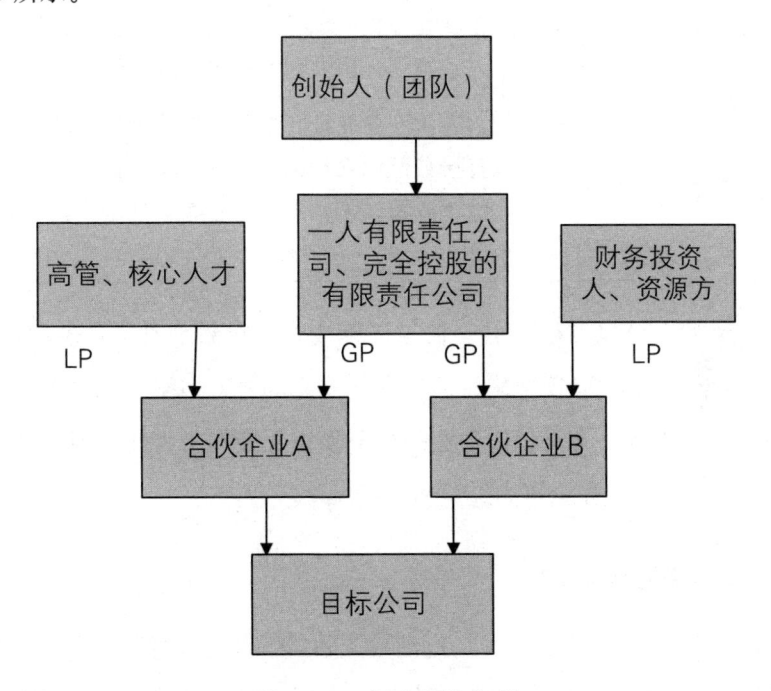

图 2-6　有限合伙架构

在有限合伙企业中，合伙人有两种身份，即普通合伙人（GP）和有限合伙人（LP）。其中普通合伙人拥有企业最终决策权，即使持股 0.1%，也对合伙企业拥有绝对的领导权和控制权。而有限合伙人不管持有合伙企业多少股权，对合伙企业都没有控制权。

有限合伙架构主要有四大优势，如表 2-4 所示。

表 2-4 有限合伙架构的优势表

优势	注释
确保创始人对公司拥有绝对控制	通过有限合伙平台控股目标企业，只要创始人担任有限合伙企业的普通合伙人，便可通过该企业间接控制目标企业
高效整合资源	创始人可以将外部资本、资源方、经销商等统统放入合伙企业中，在确保控制权的前提下实现对资源的高效整合利用
深度激励员工	创始人可以将目标公司的高管、技术骨干、创新性人才等放入合伙企业内，给予有限合伙人的身份，彻底唤醒员工主人翁意识，以此对其进行深度激励
降低税负	一方面，有限合伙企业不需要缴纳企业所得税，经营利润可以直接分配给合伙人；另一方面，通过充分利用各地税收优惠政策，将企业注册在税收洼地，还可有效地降低税负

企业创始人可以在融资后股权被稀释或者股权激励对象较多的情况下，采用有限合伙企业的股权架构。但是需要注意的是，根据《合伙企业法》的相关规定，普通合伙人对合伙企业的债务承担无限连带责任，因此担任普通合伙人的创始人无法完全隔离经营和债务风险。

3. 金字塔股权架构

所谓"金字塔股权架构"，是指创始人隐藏于幕后，通过一层又一层控股平台最终掌控目标公司的股权架构形式。在这个股权架构中，创始人处于塔尖，目标公司处于塔座，中间可以搭建多层控制平台，如图 2-7 所示。

第二章 股权架构设计，企业经营的核心命脉

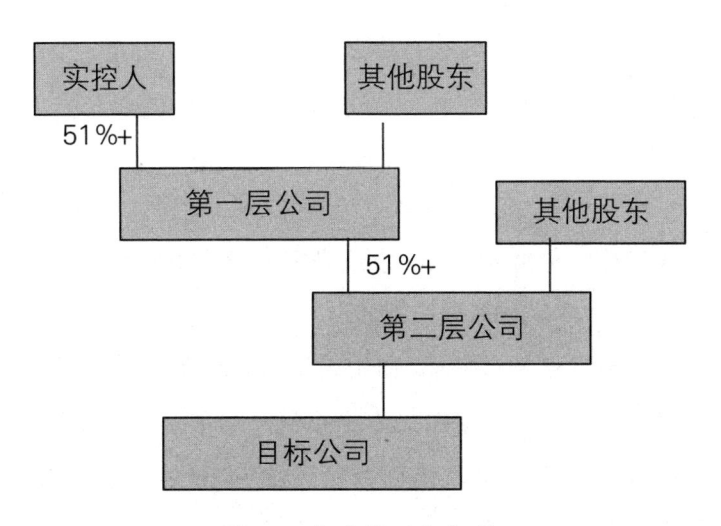

```
实控人 ──51%+──┐      其他股东
               ↓         │
            第一层公司 ←──┘
               │
              51%+         其他股东
               ↓              │
            第二层公司 ←───────┘
               │
               ↓
            目标公司
```

图 2-7 金字塔股权架构

金字塔股权架构主要有两个优点，如图 2-8 所示。

```
        金字塔股权架构的优点
           ┌──────┴──────┐
        隐藏实控人    方便实控人控制规模较大的企业
```

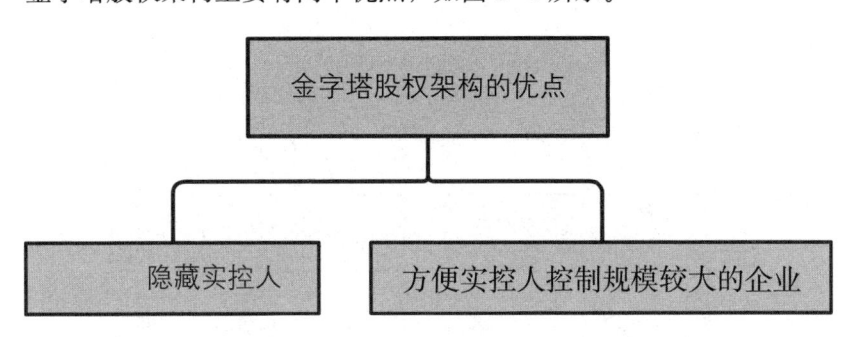

图 2-8 金字塔股权架构的两个优点

(1) 有利于隐藏实控人

通过一层层控股，实际控制人可以隐藏在幕后，实现对主体公司的控制，避免将自身暴露在大众眼中，继而有效规避因被过多关注带来的一系列麻烦。

(2) 方便实控人控制规模较大的企业

通过设置一层层控股平台，创始人能够将出资额和控制权有效地剥离开来，而且中间层级越多，创始人用同样资金最终控制的目标企业规模也就越大。也就是说，能够在一定程度上，方便实控人以尽可能小的出资额控制规模较大的企业。

比如，我们要成立一家注册资本 100 万元的公司，想要控股的话，自然

人直接持股构架中,51%的股权需要出资51万元才行。而利用金字塔股权架构,通过增加控股平台,最终出资额可以压缩到10万元以下。

4. 控股公司架构

控股公司架构,是指创始人一家或多家控股公司持有目标公司的股权,最终实现对目标公司控制的股权架构形式。

控股公司架构流程为:首先,创始人和其他合伙人达成协议,成立一家控股公司;然后,控股公司根据具体业务板块设立相应的管理和运营公司;最后,以管理公司和运营公司为主体,投资控股其他实体公司,如图2-9所示。

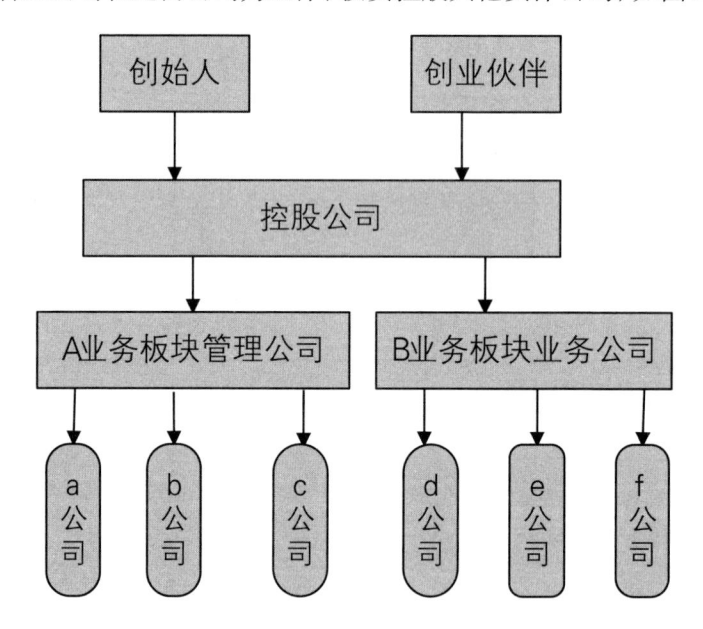

图 2-9 典型的控股公司架构

控股公司架构的优点如表2-4所示。

表 2-4 控股公司架构优点

优点	注释
隔离风险	控股公司架构在创始人和实际开展业务的目标公司之间嵌入了控股公司,可以有效地预防目标公司的债务风险波及创始人的个人财产

第二章 股权架构设计，企业经营的核心命脉

续表

优点	注释
高效整合资源	通过设计多层控股平台，创始人能够尽可能地将外部各种资源纳入公司，且能"花最少的钱办最大的事"
多元化经营推手	在控股公司下设各种业务平台，可以快速铺开业务，践行多元化经营战略

可见，创始人想要开展多元化经营，或者将企业一代一代地传承下去，那么控股公司架构是非常适合的。

当然，对一家公司而言，股权架构也可以是混合股权架构，既有自然人直接持股，又有合伙企业持股，同时也有公司控股。公司创始人需要根据个人和公司的实际情况，匹配最适合的股权架构。

第四节

"量体裁衣",守住股权架构设计的底线

对一家拥有"战略雄心"想要做强做大的公司而言,股权架构设计非常重要,既是基础,也是跳板。股权架构设计的合理与否,将直接影响公司的可持续发展能力和创新力的养成。

那么,如何做好股权结构设计呢?其实这个问题的答案并不复杂,只要我们在股权设计过程中坚持了原则,守住了底线,明确了目标,那么最终设计出来的股权架构就能和公司发展相匹配,能够从资金、人才、渠道、营销、文化等方面为公司发展持续赋能。

具体而言,在设计公司股权架构时,公司创始人需要守住四条底线。

1. 权力、责任和利益要匹配

对一家公司而言,股权架构设计合不合适,关键要看其能不能转化为强大的发展动能。而要想股权结构持续输出发展所需的强大动能,在设计时就必须考虑权力、责任和利益之间的匹配问题,即一权、二责、三利,如图2-10所示。

一权 → 二责 → 三利

图2-10 股权结构的强大动能

一权:公司股东享有哪些权力,诸如在职责范围内自行决策权,突发状况自主处理权,等等。

二责：员工要在自己的工作岗位上完成什么任务，达到什么标准可以获得股权奖励，做不好会受到何种处罚。

三利：让核心员工持股，享受公司发展红利，令其与公司深度捆绑为利益共同体。

如何能够做到权、责、利相匹配呢？最好的方式是在分工时，同时明确各合伙人的职责，特别是涉及高层运作以及利益分配环节时。这个时候，公司既要充分授权明确各自的权利和义务，又要按照岗位目标的实现与否给予相应的股权和分红。如此一来，多劳多得、不劳不得的理念才会深入人心。

河南胖东来一直被称为零售行业中的海底捞，其超高人气和知名度在当前电商"碾压"实体店的大背景下，堪称奇迹般的存在。小米创始人雷军曾经专门到胖东来考察过，认为它在当今中国的零售行业中如同"神"一般地存在。

那么，胖东来是如何创造这一商业奇迹，成功地在零售行业内"封神"的呢？除了其将产品质量和用户服务做到极致外，股权架构上的权、责、利匹配也是非常重要的一个因素，要做到以下两点，如图2-11所示。

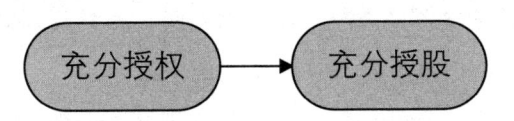

充分授权 → 充分授股

图 2-11　对员工的股权要做到两点

（1）充分授权

胖东来对员工会充分授权，在岗员工拥有较大的自主权，可以根据实际工作情况自主决策。特别是在面对突发状况时，胖东来员工能够立即行动起来，以合理恰当的措施来稳定局面，解决问题，维护公司形象。

（2）充分受股

胖东来创始人于东来仅占股5%，其余股份都分给了员工。胖东来实行"岗位股权制"，在这种制度下，员工的配股是动态的，会随其工作能力和岗位的变化而变化。简单地说，就是员工岗位级别越高，能够得到的配股也就越多，同时肩膀上承担的责任也就越大。

另外，公司创始人还可以利用一些组织工具提升权、责、利的匹配度，诸如一个完善的组织架构图。只需要在纸上以某种方式写下来，哪里是你的责任范围，哪里是我的——明确各自的责任边界，工作效率自然便能提升到最高。

总之，股权架构设计首先要明确股东的权、责、利，并匹配到位。如此，方能实现"能者多劳"，令各方都满意。

2. 强化控制

在匹配员工权利、责任和利益的同时，设计公司股权架构还要注意一点，就是创始人需要强化自身对公司的控制权。对一家公司而言，控制权越集中，决策效率便越高，应对市场变化和风险的能力便越强。另外，创始人掌握公司控制权，能够避免公司陷入无休无止的权力纷争旋涡。

简而言之，强化控制就是公司创始人必须将控股或者掌控半数以上的表决权。通常情况下，创始人想要确保对公司的控制，所持股份需要超过50%。因此，在设计股权构架时，一定要有一个明显的股权阶梯。在这个阶梯内，创始人和其他合伙人之间的股权不可太过接近，太接近了就容易产生谁也不能控股的情况，为公司以后的"不稳定"埋下祸根。

例如，Facebook创立时的股权分配原则就是确保创始人占有绝对控股权。其创始人扎克伯格占股权65%、萨维林30%、莫斯科维茨5%。正是这样，Facebook才能在扎克伯格的带领下，快速向前发展。如果没有一个绝对控股者，那么任何企业在发展过程中，都将如同无头苍蝇，很容易失去方向，最终导致合伙失败。

但是，对一家公司而言，想要快速发展，就必须持续注入资金，而融资则是获得资金的重要途径。外部资金的进入，必然会导致创始人股权的稀释。在这种情况下，创始人如何使用较少的股权掌控公司呢？最好的方法便是将股票对象的表决权和分红权、增值权等进行分离，诸如委托投票权、一致行动人协议、AB股制度等。

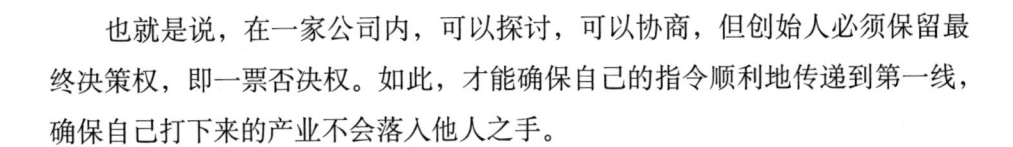

也就是说，在一家公司内，可以探讨，可以协商，但创始人必须保留最终决策权，即一票否决权。如此，才能确保自己的指令顺利地传递到第一线，确保自己打下来的产业不会落入他人之手。

3. 整合资源

一个完美的股权架构，还能够帮助公司整合资源，能让创始人调动更多的人力、物力和财力。如此一来，相对于行业内的竞争对手，具有更高资源整合能力的公司便会获得更加强大的竞争力。

具体而言，股权架构的资源整合能力主要表现在两个方面，如表2-5所示。

表2-5 股权架构资源整合能力表

资源整合能力	详解
股东掌控资源互补	创始人通过合理搭配股东，能够为公司配置更加丰富的资源配置。比如，公司虽然有财力，但缺少稳定的市场销售渠道，创始人可以吸收掌控相应市场渠道的人成为公司股东，这种"资金＋渠道"的资源配置更有利于公司的发展
贡献和股权匹配	在公司发展过程中，利用到的资源有资金、技术、专利、创意、运营、品牌等。股权架构设计的目的是将贡献出这些资源要素的股东和其实际持有的股权相匹配，谁做的事情最多，最重要，谁就拿得多

总之，在公司股权架构设计时，创始人应当坚持并用好资源互补原则，为公司储备更加丰富的资源，令股东之间形成"1+1＞2"的合力。

4. 合法合规

合法合规，是一切股权架构的基础，也是公司得以快速稳定发展的前提。合法合规，简单地说，便是在设计公司股权架构时，需要符合《公司法》等相关法律的规定。

需要注意的是，《公司法》等相关法律法规并没有现成的股权架构可以套用。假如公司不分析自身的发展战略,为了合法合规,跟在其他公司后面"照着葫芦画瓢",往往会作茧自缚。因为粗看所有的股权架构设计长得都差不多,但只要我们细细推敲,便会发现这些股权架构的设计逻辑差别很大。因此,股权架构设计在坚持合法合规的前提下,还应坚持三点,如表2-6所示。

表2-6 合法合规补充要点一览表

要点	详解
打磨公司章程	通过在公司章程中设定特殊条款,创始人能够更牢固地掌控公司。因此,在设立公司股权架构时,创始人不应该一味地套用章程模板,而是应结合公司实际情况,在合法合规的前提下,设定特殊条款
建立动态调整机制	合理的股权架构会随着公司的发展而及时优化,一成不变,最初合体的"衣服"可能就会成为公司发展的束缚。比如,因为没有及时清除影子股东,导致公司无法在"新三板"上市
合法前提下税务筹划	股权架构会直接影响到公司所得税的税额,因此在合法合规的前提下,合理地通过股权架构进行税务筹划,这是一个非常重要的问题。比如,有些公司做股权激励时,对激励方式、时点、比例等考虑不周,导致股权激励和公司整体赋税不适配

总之,在设计股权架构时,公司创始人既要根据自身和公司实际情况"量体裁衣",也要根据行业、政策、法规、融资、员工激励等要素合理创新。适合自己的才是最好的,切忌盲目跟风,生搬硬套。

第五节

三种控股模型，让你控股撒手总相宜

在公司股权架构设计中，合理的股权结构是重点，也是难点。对一个公司来说，不管股权如何变化，都可以归纳到三种最基本的模型中，即绝对控股型、相对控股型和不控股型，如图 2-12 所示。

绝对控股型 → 相对控股型 → 不控股型

图 2-12 三种基本的控股模型

在设计公司股权结构时，创始人需要根据自身利益和公司未来发展战略，匹配最适合的模型。

1. 绝对控股型

当创始人持有目标公司的股权超过三分之二（约 67%）时，该公司的股权架构便属于绝对控股型。比如，一家环保咨询公司，创始人持股 70%，合伙人团队持股 15%，剩余 15% 的股权作为员工激励股权池。那么从股权结构上，这家公司便属于典型的绝对控股型。

我国《公司法》第六十六条规定：

股东会的议事方式和表决程序，除本法有规定的外，由公司章程规定。

股东会作出决议，应当经代表过半数表决权的股东通过。

股东会作出修改公司章程、增加或者减少注册资本的决议，以及公司合并、分立、解散或者变更公司形式的决议，应当经代表三分之二以上表决权的股东通过。

从以上规定可以看到，不管是修改公司章程、增加或者减少公司注册资本，还是公司合并、分立、解散或者变更公司形式，对公司而言都影响巨大，属于"重大事项"。当公司创始人掌控的股权超过67%时，就能够左右股东会的决议。

那么是不是只要持股超过67%，创始人在公司中就一定能"说一不二"呢？答案是"不一定"。因为《公司法》第六十六条中规定的是"三分之二以上"，假如公司章程中约定的是五分之四或者六分之五，是不是都是三分之二以上？在这种情况下，持有67%股权的创始人便不能左右股东会在重大事项上的决议。

因此，在绝对控股型公司内，想要确保自身对公司的绝对控制，创始人除了要最大限度地提升持股比例外，还需要重视公司章程的作用。

需要注意的是，绝对控股结构容易造成创始人一家独大的局面，这样会伤害高管团队主动担当的能动性，也会打击普通员工的责任心。另外，创始人权力过大，虽然能够在很大程度上提升公司的决策效率，但"群策群智"的缺失会增加失误出现的概率，为公司带来较大的经营风险。

2. 相对控股型

相对于绝对控股型，在相对控股型股权结构下，创始人对公司的掌控变弱——在这种股权结构下，创始人拥有半数以上的股权（67% > 创始人持有的股权 ≥ 51%）。

比如，在一家外贸公司中，创始人王先生持有55%的股权，公司合伙人李先生持有公司30%的股权，剩余15%为员工期权——这家外贸公司的股权架构便是典型的相对控股型。

相对控股型股权结构中的"相对"是对比绝对控股型中的"绝对"而言的，在这种股权结构的公司中，创始人所持股权并不足以令其完全掌控股东会，因此无法左右公司章程的修订、注册资本的增减，以及公司合并、分立、解散等重大事项。但是除了这些重大事项外，创始人对公司其他事项，诸如经营管理、人事任免、员工激励等都可以一言九鼎。

在相对控股型公司内，创始人对公司的掌控力度变弱，对提升员工能动性具有一定程度上的激励性，能让大家更积极地参与到公司的决策中。但相对绝对控制型，相对控制型股权结构公司的决策效率会变低，并且还会导致应对市场变化的能力大大减弱。

3. 不控股型

不控股型股权结构，是指一家公司内没有持股超过 51% 的股东，没有实际控制人。比如，在一家投资公司，创始人王小姐持股 35%，合伙人赵先生持股 25%，合伙人谭小姐持股 15%，某投资基金持股 15%，股权激励占比 10%，该公司的股权结构便是典型的不控股型。

不控股型股权结构公司不存在实控人，决策由股东团队集体下达。这种股权结构能够在很大程度上提升员工工作的积极性，因为大家都是决策的参与者和执行者。更重要的是，群策群智做出的决策往往更符合市场发展趋势，能够为公司创造更多的发展机遇。

2023 年 12 月 30 日，央行同意支付宝变更为无实际控制人，这就意味着通过一系列股权调整，支付宝的股权结构变为不控股型。此后，没有单一的自然人或公司平台能够掌控支付宝的重大决策。

股东集体决策，意味着无论是管理，还是运营，都会更注重公平和实效。脱离了个人或公司平台的控制，由董事会集体决策的支付宝在治理结构上将会变得更加安全稳健。

但需要注意的是，不控股型公司的股权比较分散，很容易为外部资本各个击破，令创始人丢掉辛辛苦苦建立起来的公司。

另外，不控股型公司决策效率比较低下，往往无法根据市场变化快速做出反应，很容易错失发展良机，或陷入某种原本可以避免的危机之中。

第三章

股权合伙，为公司注入强壮的基因

第一节

与凤凰同飞，创大业必须团结人才

移动互联时代，"内卷"成为各行各业的常态。你觉得自己在拼命，隔天就会惊讶地发现，还有人比你更拼命；你觉得自己在某个方面有才能，几天后你就会接触到比你更有才华的人。更令人沮丧的是，一些人，不仅比你更有才华，还比你更拼命。

《荀子》中说："与凤凰同飞，必为俊鸟，与虎狼同行，必为猛兽。"在到处都"卷"的社会大背景下，成立一家公司并不难，但想要将其做大做强却难上加难。毕竟，做大事创大业意味着要同更多有才华的人在市场上拼杀，要进行更多更优秀的创新，一个人的能力和精力是绝对无法兼顾的。

360创始人周鸿祎对合伙人的重要性认知颇深，他认为"得合伙人才能得天下"。周鸿祎认为想做成大事，就应该在初期有针对性地找到最适合自己的合伙人，因为相对于商业模式和行业的选择，合伙人更重要，能够带来的帮助和价值更大。

因此，在360刚刚起步的时候，周鸿祎就推出了"员工持股计划"，将公司40%的股权发放到了优秀员工手中，将他们的利益和公司的利益真正地捆绑在了一起。

周鸿祎在选择合伙人时，有三个比较鲜明的标准：首先，必须要有足够的创新创业意识，能够在某方面做出创新性的成就；其次，必须具备很强的学习能力，敢于挑战新事物；再者，要有非常强的合伙精神，能够协同其他成员做事。

虽然后来经过几轮稀释，在360上市前员工持股比例降到了22%，但这个比例在当时的互联网行业内仍然是非常高的。正是凭借着合伙团队的上下一心，360才能在同质化竞争异常严重的互联网行业中始终保持足够锐利的竞争力。

可见，合伙是公司未来发展的一个大趋势，是创始人做大做强公司的必由之路。想要做大事，创大业，就必须将人才和资源团结在自己身边。

合伙创业的作用主要有两点，如图3-1所示。

让员工为自己打工 → 团结生合力，合伙创大业

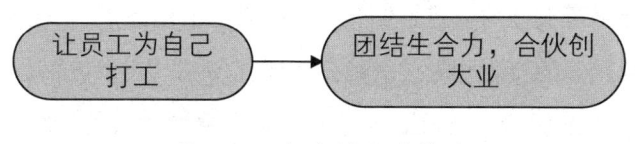

图 3-1　合伙创业的作用

1. 让员工为自己打工

长期以来，公司实行的是雇佣制，最大的特点便是老板花钱雇佣员工做事。在这种制度下，老板是公司中的资本方，说一不二，员工仅仅是打工仔，并没有真正将公司当作自己的第二个家。在这种背景下，老板很多时候都在一个人奋斗，组建公司容易，做大做强公司却并不容易。

在公司治理方面，老板拥有专断权，不管什么事情都能一言而决。而作为打工仔的员工，话语权则非常微弱，在公司决策过程中很难发出自己的声音。

在利益分配方面，公司创造的利润绝大部分被老板和管理层拿走，普通员工很难享受到公司发展的成果，更无法发自内心地感受到自己在公司的价值。

这种制度在到处都"卷上天"的今天，是绝对难有作为的，很难想象一家老板和员工关系割裂甚至对立的公司，能够齐心协力地制造出一款又一款爆品，引领行业前进方向。因为当前竞争的核心是体系的竞争，是团队创新力的竞争，而非个人之间的竞争。

小米创建时有七位联合创始人，且在发展阶段就推行了全员持股、全员投资计划，通过股权将公司利益和员工利益真正地绑定在了一起。如此一来，员工由之前的"为公司打工"变成"为自己打工，对自己负责"，自然就爆发

出无与伦比的创新创业激情，心甘情愿地为公司付出，推动其向着既定目标飞驰。

可见，只有合伙共享共创，才能合力将公司做大做强。

2. 团结生合力，合伙创大业

既然个人的能力和精力都是有限的，而创业的道路上又需要团结尽可能多的人，整合尽可能多的资源，那么合伙便成了最佳选择。

（1）获得更多的资金和更强的社会信任度

合伙能够帮助创始人获得更多的资金和更强的社会信任度。对一家公司而言，资金的重要性再怎么强调都不为过，不管是引进人才、采购设备、抢占市场，还是打造生态链条，都需要拥有充足的资金流支持。而资金合伙人的出现，则能帮助创始人解决资金难题，为公司资金池注入活水。更重要的是，合伙人实际出钱后，为了自身利益会为公司发展投入更多的精力和资源，继而提升公司的信用能力，令其获得更高的社会信任度和更强的市场竞争力。

（2）大幅提升公司的综合竞争能力

通过合伙，创始人还能为公司引入更多的人才和智力资源，大幅提升公司的综合竞争能力。对公司而言，想要在激烈的竞争中获胜，人才和创新是两个最关键的因素，而想要最大限度地吸引人才，留住人才，激活人才的创新意识，给予其一定股权，将他们变成合伙人是最有效的方法。

（3）为公司带来更多的发展机遇

通过合伙，创始人能够快速聚集各种资源，大幅提升公司的价值。而公司价值的快速提升，则会吸引市场上更多投资方的关注，为公司带来更多的发展机遇。

所以，对公司创始人而言，想要做大做强，就必须找到最适合自己的合伙人。唐僧取经要倚靠孙悟空、猪八戒和沙和尚，刘备成大事需要关羽、张飞和诸葛亮，个人的力量再强，终究是有限的，只有和优秀的人结成强大的团队，同心共力，各展所学，才能成就大业。

第二节

选对人走对路，匹配合伙人的三张自画像

一个人创业太难，几个人合伙做事成了大部分人的选择：一方面能够共担风险，另一方面也可以各展所能，成功的概率才会变得更高。但如何选择合伙人是个大学问，就如同两个人组成一个家庭，选对了另一半，情投意合，才能白头偕老。合伙人也需要选择，只有同心协力，才能一起实现伟大的目标。

腾讯之所以能够成长为互联网领域内的巨无霸，除了最初抓住了互联网这一"风口"之外，还和早期组成的完美合伙人的团队有直接关系。

腾讯早期的创始人团队由五人组成，彼此在能力上形成了非常好的互补关系。其中马化腾是首席执行官，张志东是首席技术官，曾李青是首席运营官，许晨晔是首席信息官，陈一丹是首席行政官。五个人在不同的领域内负责，各管一摊，各展所长，将腾讯经营得井井有条。

腾讯早期的股权结构，也是按照每个人的能力和所负责板块重要性分配股权的：腾讯五虎一共出资50万元，其中马化腾出资23.75万元，占股47.5%，张志东出资10万元，占股20%，曾李青出资6.25万元，占股12.5%，其他两人各出资5万元，各占股10%。

正是找到了最佳合伙人并且合理地分配了股权，腾讯合伙人团队才爆发出了令人惊叹的创业激情和创新能力，一路过关斩将，将最初籍籍无名的小公司发展为现在的全球高科技行业航母。

可见，选对合伙人，找到最匹配自己的创业伙伴，是每个合伙人都必须做好的功课。合伙人虽然在个性、能力上千差万别，但是最佳合伙人却展示出了一些比较统一的特征，了解这些特征，找到拥有这些特征的人，创始人

便能组成自己的梦幻团队,如图3-2所示。

```
能够信任别人  →  共享利润、共担风险  →  他是你最想成为的人
```

图3-2 最佳合伙人的特征

1. 能够信任别人

一切合作都是建立在信任基础上的,可以说没有信任便没有同心协力,没有信任便不会全力付出。而心不同、力不付的合伙人,自然不会爆发出什么激情,也擦不出什么创新的火花。

因此,一个最佳合伙人,首先是一个愿意相信别人的人。在信任别人的基础上,才能衍生出更为弥足珍贵的团队力,如表3-1所示。

表3-1 信任衍生出来的团队力

衍生力	注释
团队凝聚力	合伙人容易信任别人,出现分歧后会觉得对方是为了团队好,如此成员之间的私人关系才会拉近,彼此间的配合才会变得更加完美,整个团队才会变得更有凝聚力
价值认同力	对创始人的信任让合伙人更倾向于认同其价值观,认同公司的发展战略。在此基础上,合伙人和创始人才能拧成一股绳,为实现公司长期发展目标而全力以赴
团队执行力	一旦确定了行动计划和路线,出于对创始人的信任,合伙人会态度坚决地执行决议,确保实现既定目标

可见,最佳合伙人首先要是一个能够信任别人的人。如此,在信任的基础上,才能更好地凝聚团队,提升创新力和执行力。

2. 共享利润、共担风险

共富贵很常见,但同患难却很稀缺,而最佳合伙人则具有这种稀缺特性,能够在创始人陷入困境时,及时伸手拉你一把,或者不离不弃,共渡难关。

简单地说，最佳合伙人不仅能够同创始人共享收益，还乐于共担风险。

新东方在创业初期遭遇过很多危机，每次都是俞敏洪、徐小平和王强三个合伙人共同应对，共担风险。在危机面前，每个人都没有退缩，都甘于担责，才有了新东方的数次起死回生。

徐小平曾经在演讲中说过这样的话："我经常说一句话，我为了我的10%（新东方占股）而战。当然，我是爱俞敏洪的。如果我们不是合伙人，如果新东方的利益不跟我们捆绑在一起，假如仅仅是为了新东方培养人才的理想，我就去红杉了。正是因为利益捆绑，我们才能在每一个艰难时刻一起挺过来。"

可见，最佳合伙人，不仅要同甘，还要能共苦，能够一起面对市场风云变幻，一起在危机中寻找转机。只有共进退，同荣辱，彼此才是对方眼中的生死兄弟，公司才能爆发出极致的市场竞争力。

3. 他是你最想成为的人

创业之路上的最佳合伙人，一定会是你最想成为的人，是你梦中渴望弥补的遗憾——他们会具备你没有的性格优势，掌握你没有的资源和技术。简单地说，他就是缺失的那个你，是和你的能力互补的那个人，如图3-3所示。

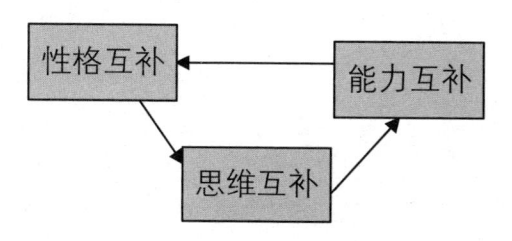

图 3-3　合伙人三个优势互补

（1）性格互补

合伙人和创始人在性格上能够形成互补，继而组成一个没有性格缺陷的合伙人团队，为公司发展奠定良好的人格魅力基础。比如，创始人偏于严肃，合伙人却比较幽默。

(2) 能力互补

合伙人和创始人在能力上能够形成互补，让合伙人团队没有任何短板。比如，创始人善于产品设计，合伙人善于渠道营销。

(3) 思维互补

创始人和合伙人在思维上能够形成互补关系，比如，创始人想问题总是习惯性地往深处着眼，而合伙人想问题则习惯发散，喜欢联想。这样的思维组合能够确保团队更加全面地认知问题，少走弯路。

当创始人为最佳合伙人画像后，再按图寻人，找到的合伙人质量便会高很多。这种做法不仅能够让创始人及时从身边的亲友、同学等人际关系网络中及时发现"明珠"，还能在日常社交中从陌生人中挖掘"美玉"，找到和自己最匹配的那个他。

第三节

技术合伙人，创业路上的"孙悟空"

唐僧之所以能够克服九九八十一难成功取得真经，其中最主要的一个原因就是他的取经团队中有一位技术合伙人孙悟空——正是因为有了他一路保驾护航，唐僧才能成功抵达心中的圣地。

同样的道理，公司创始人要想在竞争激烈的市场中获得预期利润，团队中也需要一位"孙悟空"，即技术合伙人。特别是在当前各行各业"内卷"成风的大背景下，技术意味着更锋利的产品力和竞争力。因此，用"得技术合伙人得行业龙头"来形容其重要性，一点也不为过。

一提起特斯拉，很多人首先想到的是无所不能的马斯克，认为是他一手打造出了这家全球电动汽车巨无霸公司。其实，特斯拉的成功，除了倚靠马斯克卓越的领导能力外，还离不开斯特劳贝尔的强大技术支持。

在特斯拉，斯特劳贝尔一直都是技术方面的"定海神针"，主要负责车辆的技术和工程设计工作。熟悉特斯拉历史的人都知道，它并非一直行驶在平坦的大路上，也经历过坑洼不平的小路，甚至掉入过大坑中。

《硅谷钢铁侠》的译者周恒星对斯特劳贝尔之于特斯拉的重要性，他曾经记录过这样一个故事：

2007年，在决策失当和经济衰退双重打击下，特斯拉陷入了严重的经营危机。一天，马斯克打电话给斯特劳贝尔，问他能否用六个星期的时间将一辆戴姆勒的 Smart 改装成电动车。斯特劳贝尔给出了肯定答案，并且立即行动起来，带领技术团队夜以继日地投身到改装工作中，最终克服种种困难，如期完成了改装任务。

之后，在戴姆勒公司工程主管访问特斯拉总部时，马斯克亮出了这款大杀器——以电池作为动力的戴姆勒Smart。这台完全看不出任何改装痕迹且性能出色的Smart给戴姆勒工程主管带来了极大的震撼，深深意识到电力驱动汽车未来广阔的发展前景。于是，戴姆勒和特斯拉签订了500万美元的合作协议——该协议对当时的特斯拉无异于救命稻草，将其从财务危机中解救出来。

可见，一名出色的技术合伙人对公司创始人而言是最宝贵的财富。因此，公司想要快速做大做强，想要在激烈的市场竞争中跻身行业前列，创始人就必须找到最适合自己的技术合伙人，如图3-4所示。

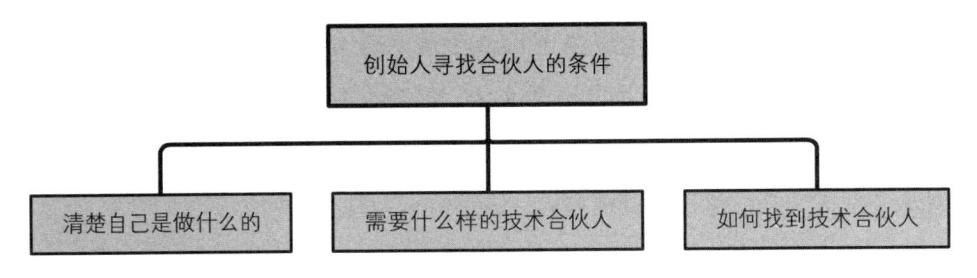

图3-4 创始人寻找合伙人的条件

1.清楚自己是做什么的

想要找到最适合自己的技术合伙人，创始人首先要清楚自己是做什么的，在此基础上才能真正明白自己需要一个什么样的技术合伙人。

那么，如何清楚自己是做什么的呢？创始人可以通过"三问法"得到正确答案，如表3-2所示。

表3-2 "三问法"要素表

问题	解释	举例
做什么	你打算做什么项目，这个项目在未来一段时间内有没有前景，盈余预期如何？	做一个高续航动力电池项目，在新能源风口下非常有市场前景，盈余预期非常高。

续表

问题	解释	举例
在那儿	你的项目或者公司在什么地方落地？一线大城市还是三四线中小城市？	高续航动力电池项目打算落地杭州，相对北上广运营成本更低，相对三四线小城技术人才储备更多。
有什么	你自己有什么特别突出的技术能力？长处是什么，短板是什么？	在某个国内知名电池厂从事管理工作三年，熟悉动力电池研制流程，但对新型电池结构技术并不了解。

2. 需要什么样的技术合伙人

只有在明确自身需求的前提下，才能明确最佳技术合伙人标准，为接下来的组团创业指明正确方向。否则，彼此不搭，不能擦出火花，即使对方技术再"牛"，彼此产生不了化学反应，组合在一起也不会创造什么奇迹。

我们可以通过"三力法"确定最佳技术合伙人标准，如表3-3所示。

表3-3 确定最佳技术合伙人标准"三力法"

方法	注释
开发力	潜在的技术合伙人必须具备较强的产品开发能力，在关键技术上有一定的知识储备和创新能力。如此，公司的产品才更有市场力，才能更好地吸引外部投资，更快地占领目标市场
互补力	在将技术转化为产品的过程中，需要组建研发团队，整合部门资源，等等。这就需要技术合伙人有较强的互补力，能够高效协调员工和部门间的利益，调动成员工作的积极性
驱动力	潜在的技术合伙人必须拥有强大的自驱力，拥有为了实现目标而持续创新创业的能动性，能主动思考，积极学习，关注前沿技术。假如仅仅是为了完成任务而工作，是很难突破自己做出爆品的

3. 如何找到技术合伙人

清楚自己需要的技术合伙人是什么样子后，如何找到他们呢？公司创始人可以通过"四挖法"找人，如表3-4所示。

表3-4 找技术合伙人之"四挖法"

方法	注释
挖大公司的墙角	大公司的技术人员除了拥有行业前沿技术储备外，还具有丰富的技术研发经验和更宽广的技术视野，能够从整体上提升公司技术团队的能力和视野
挖掘公司内部的人才潜力	创始人也可以从公司内部挖潜，将在技术上有超强创新能力的员工培养成技术合伙人
挖人脉关系	在亲戚、朋友、同事、同学等人脉关系中挖技术合伙人，也可以通过他们寻找符合自身需求的技术合伙人
挖线上资源	通过各种招聘网站、技术论坛等线上平台面向社会公开招募技术合伙人，也可以通过自媒体平台持续向外展示项目，吸引潜在技术合伙人毛遂自荐

第四节

公司跑得快不快，全靠管理带

对创始人而言，打市场开疆扩土需要的是技术这柄利刃，而稳固江山则需要管理这面盾牌。特别是对创业公司而言，找到了技术合伙人，凭借技术引发市场关注、获得投资人青睐后，更需要一套可行且高效的管理体系才能确保公司沿着正确的方向稳步发展。

乔布斯买下卢卡斯影业电脑动画部门后，将其改组为皮克斯公司，希望能够在迅猛发展的电影市场上捞金。但令乔布斯大伤脑筋的是，虽然皮克斯公司拥有很多技术能力出众的电脑动画人才，却始终没有找到正确的发展方向，拿不出市场叫好的作品，导致公司出现亏损。

承受巨大压力的乔布斯找到了管理经验丰富的劳伦斯·利维，邀请他作自己的管理合伙人，出任皮克斯公司执行副总裁兼首席财务官。劳伦斯·利维上任后，首先深入到员工中做调研。他在工作中和员工们打成一片，找到了员工创新能动性低下的症结——公司一直没有兑现给予员工股票期权的承诺。

找到了症结，劳伦斯·利维立刻在员工期权问题上发力，给予核心技术人员"应得尽得"，将员工利益和公司利益真正绑定在一起，继而点燃了员工创新创业的激情。

在产品策略上，劳伦斯·利维放弃了之前大而全的方针，押宝动画电影，将公司有限的资源全部投入到《玩具总动员》中。

在团队建设上，劳伦斯·利维一手促成了乔布斯、乔·格拉齐亚诺、拉里·桑西尼和斯基普·布里滕汉姆的超级董事会，为皮克斯公司安装了一颗聪明透顶的"大脑"。

在这位天才管理合伙人的一系列操作下,皮克斯公司得以快速从亏损泥潭中脱身,步入发展快车道,成为美国电影行业的一匹黑马。之后,皮克斯公司获得了资本大鳄的青睐,最终成功上市,乔布斯也因此身价大涨,重新跻身亿万富翁行列。

可见,一名优秀的管理合伙人能够帮助创始人找到正确的发展方向,梳理和整合各种资源。

那么,我们如何才能找到劳伦斯·利维这样的管理合伙人呢?想要找到优秀的管理合伙人,我们必须弄清楚其和普通管理人的区别,如图3-5所示。

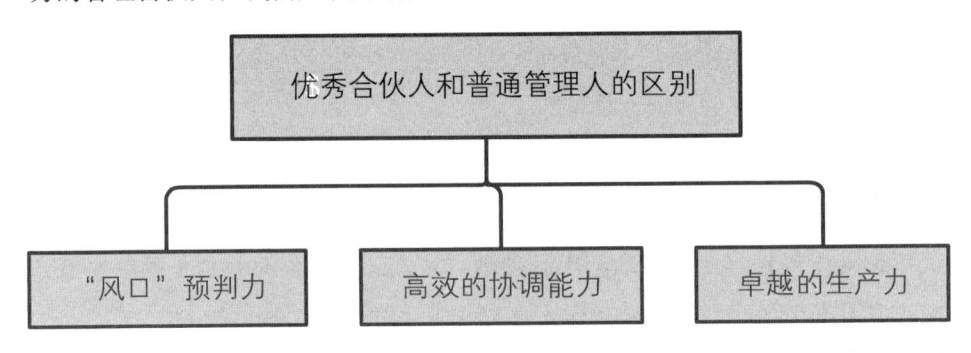

图 3-5 优秀合伙人和普通管理人的区别

1."风口"预判力

雷军说的"抓住了风口,猪都能飞上天",强调的便是一种对市场风口的精准预判能力。对一家公司而言,外在的市场环境变幻莫测,优秀的管理者总能在瞬息万变中抓住机遇,并将这种机遇变为公司发展的一种动力。

通常,优秀的管理者都具备三种"风口"预判力,如表3-6所示。

表 3-6 三种"风口"预判力

类型	注释
政策预判力	对关系到公司经营领域的相关政策变化有非常精准的预判能力,能够针对政策的变化及时调整经营方向,匹配经营方案

续表

类型	注释
需求预判力	能够对目标用户群体的需求变化进行精准预判,并根据用户需求的变化快速调整产品线,让产品始终满足用户的需求
行业预判力	能够准确预判行业整体发展方向,并根据未来一段时间的行业发展趋势制定相应的公司经营战略

可见,对公司管理者而言,对市场"风口"的精准预判是一种非常重要的能力,它能够帮助公司快速调整经营方向,有效地整合资源,制定出可行而高效的应对市场的策略和解决方案。

2. 高效的协调能力

优秀的公司管理者,必定是优秀的沟通和协调大师。因为管理的本质是平衡,是整合,是创新,而这些肯定是单独的个人无法完成的,需要各个团队、各个部门和各种资源之间的有效匹配,而这些都需要管理者高效协调。

通常情况下,管理者的高效协调能力体现在三个方面,如表3-7所示。

表3-7　优秀管理者的三种协调能力

类型	注释
有效沟通	优秀管理者能够和员工打成一片,和他们进行深度沟通,掌握员工的真实需求,并在此基础上提出解决方案,打造利益共同体
长效平衡	优秀管理者善于在纷繁复杂的矛盾中找到平衡点,获得各方的理解和支持,求得共同利益,将各方整合成拥有共同目标的团队
高效化解	优秀的管理者能够有效弥合各团队间的分歧,化解各部门间的争端,梳理好流程,让大家团结合作的同时有规可循,照章办事

总之,一名优秀的管理者能快速而高效地协调各方,在强化共同利益基础上有效整合资源。

3. 卓越的生产力

优秀管理者相对于普通管理者，最大的特点是具备更强大的生产力，即能够带领团队快速为公司创造财富、提升价值。

优秀管理者的卓越生产力主要体现在三个方面，如表 3-8 所示。

表 3-8　优秀管理者的卓越生产力

类型	注释
敢于担当的决策力	作为公司的领头羊，在面对问题时敢于担当，快速决策，本身就是一种能力。市场风云变幻，商机稍纵即逝，任何犹豫都可能造成无可挽回的巨大损失
强有力的执行力	优秀的管理者必定具有强大的执行力和强烈的责任心，这样才能确保计划高效落到实处，把战略变为现实
善于纳才的组织力	人才是公司发展的基石，优秀管理者既能识别人才，又能任用人才，将他们放在最能发挥能力的岗位上

只有理解了优秀管理者和普通管理者的最大不同点，创始人才能有针对性地通过各种途径"寻宝"。只要心诚，便可以找到自己创业路上的"诸葛亮"，将公司带到一个新的高度。

第五节

收获"金蛋",用好孵化器的运营模式

合伙创业,除了技术和管理外,公司还需要在运营上发力,才能顺利将目标这颗"金蛋"孵化。因为在"酒香也怕巷子深"的现代市场环境中,即使产品再好,如果没有运营造势也很难在短时间内占领消费者心智(心智是指消费者对产品明智的看法或价值认知),没有得到消费者发自内心的认可,就做不到迅速出圈。

如果我们将产品比作一个婴儿的话,那么技术和管理负责的是"生产",运营负责的则是"抚养"。因此,一个有志向做大做强的公司创始人,都会为自己配置一位懂产品、懂用户、懂渠道的运营合伙人。

从某互联网大厂辞职后,王城回到家乡城市,在靠近市中心商务区的地方开了一家高端的水果店,因为客流少、房租贵,收益一直不高。为了改变这种不温不火的状态,他通过大学同学介绍,认识了一位线上运营达人李峰,约定业绩提升一倍给予其5%的股份,提升两倍以上给予其10%股份。

经过详细考察后,李峰建议王城采用"互联网+"方式的"三管齐下"打开局面,提升业绩。

首先,通过美团、饿了么等平台打通本地生鲜线上销售渠道,扩宽水果店的目标用户覆盖面。

其次,和本地探店达人合作,通过试吃、直播等方式在目标用户心中种草,放大水果店的"高端"和"美味"特色。

最后,通过"线下门店+线上社群+朋友圈分享有礼"的方式,做大私域流量池,做好用户体验分享,将消费者变为推销员。

经过李峰的一番操作，王城的高端水果店生意变得兴隆起来，不仅在商务区白领消费者群体中有了更高的名气，还成功出圈，在周边区域消费者心目中有了一定的知名度。

由此可见，如何运用孵化器的运营模式，直接决定着企业的未来发展。所以，在运用孵化器的运营模式时，要注意以下几点，如图3-6所示。

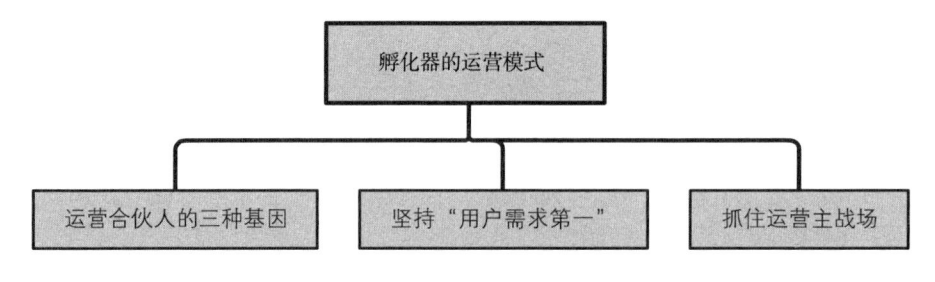

图3-6 孵化器的运营模式

1. 运营合伙人的三种基因

运营合伙人之于公司为什么如此重要呢？因为一个优秀的运营合伙人，堪称公司营销战线上的全能战士——他能够将产品的卖点无限放大，将品牌的优势根植于目标用户的内心深处。

通常而言，优秀运营合伙人都具备三种基因，如表3-9所示。

表3-9 运营合伙人的三种优秀基因

基因	注释	举例
用户	优秀运营能够快速锁定产品的目标用户群体，然后从中挖掘种子用户，通过种子用户完成快速裂变，快速占领用户心智	一款高端手帕纸巾，通过"面霜"概念快速赢得年轻都市白领女性的青睐
内容	提炼产品的卖点，强化典型场景下的产品功能，延长目标用户的停留时间，提升他们的产品体验感，令产品在用户心中变得不可替代	一款高端手帕纸，结合冬季洗手、洗脸后皮肤易于干燥场景，以"补霜美肌"俘获用户的心

续表

基因	注释	举例
活动	活动是运营的灵魂，优秀的运营合伙人能够通过各种渠道为产品引流，推动产品和品牌信息的持续裂变	通过达人试用、极限测试等活动，推动面霜手帕纸相关信息裂变传播

2. 坚持"用户需求第一"

一切有效运营都是建立在用户真实需求基础上的，而非公司的需求和产品的需求。因此，创始人在寻找运营合伙人时，要重点考察对方有没有"用户需求第一"的运营理念。

这就需要运营合伙人具备三种能力，如表3-10所示。

表3-10 坚持"用户需求第一"能力表

能力	注释
精准的产品感知力	想要知彼必先知己，只有精准地把控产品的卖点，才能完美地对接用户的需求。因此，优秀的运营合伙人首先是合格的产品经理，对产品优缺点都了然于心
完美的用户画像力	优秀运营必须精准地为目标用户群体画像，抓住他们的真实需求。只有掌握了目标用户的真实需求，才能快速占领用户心智，提升市场占有率
足够的创新力	在掌握用户真实需求基础上，运营合伙人能够创新性地将产品功能卖点和用户需求连接起来，提升用户的使用预期，给予他们难忘的使用体验

3. 抓住运营主战场

运营需要有力度，更需要把力度用在正确的地方。抓到主战场，力度再大，投入的资源再多，最终的效果也会大打折扣，甚至竹篮打水一场空。

那么，如何才能精准地定位运营的主战场呢？这就需要运营合伙人要明确三个要点，如图3-7所示。

```
                          ┌─────────────────────────┐
                       ┌──│ 产品质量比内容输出重要   │
                       │  └─────────────────────────┘
  ┌──────────────────┐ │  ┌─────────────────────────┐
  │ 精准定位运营主   │─┼──│ 产品口碑比拉新数量重要   │
  │ 战场的要点       │ │  └─────────────────────────┘
  └──────────────────┘ │  ┌─────────────────────────┐
                       └──│ 用户关系比活跃度重要     │
                          └─────────────────────────┘
```

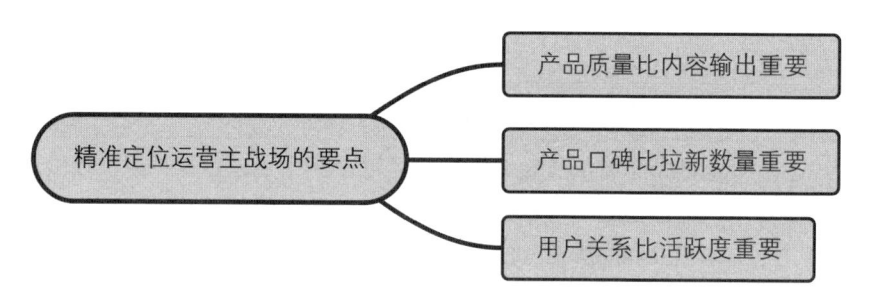

图 3-7　精准定位运营主战场的要点

（1）产品质量比内容输出重要

产品质量是运营的基石，假如产品质量上不去，即使运营做得再好，也是无根之萍，火得快，灭得更快。因此，运营也需参与产品的研发设计和生产。

（2）产品口碑比拉新数量重要

用户数量越多，意味着产品能够获得的流量红利越大。但是相对于拉新，优秀运营合伙人往往更在意打造产品口碑，更乐于通过良好的口碑分享推动用户裂变，提升品牌含金量。

（3）用户关系比活跃度重要

公司和用户之间不应该是一次性关系，而应该是"熟人"关系，是彼此成就的关系。公司的产品和服务帮助用户获得更大的价值，取得更高的成就，而用户则帮助公司更好地推介和宣传产品或服务。

总之，在产品或者服务有足够鲜明卖点的前提下，谁能做好运营，谁就能先别人一步走到前面，获得更有力的竞争势能。因此，公司创始人在寻找运营合伙人时，一定要仔细甄别对方是否满足优秀运营人的标准，具备优秀运营必不可缺的能力。在此基础上，才能找到最契合自身需求的优秀运营合伙人，才能"得运营者得天下"！

第六节

资金合伙人，让市场为你"推磨"

资金是企业发展赖以生存的血液，对公司的重要性再怎么强调也不为过，就好比人不能离开空气，鱼儿不能离开水，公司想要正常运转，想要构建独一无二的商业模式，想要快速研发新产品，在短时间内引爆市场，都需要充沛现金流的支持。

拼多多之所以能够从默默无闻的微电商一路成长为国际电商巨头，仅仅用了3年就成功地在纳斯达克上市，除了独特的社交电商模式加持外，还与其强大的融资能力有直接关系——正是这些资金合伙人的持续注资，才让拼多多得以快速在社交中裂变，占领用户心智。

拼多多从建立到上市，一共进行了四次大规模融资。

2015年，拼多多获得了5万美元的种子轮投资，为社交电商模式的构建打下了资金基础。

2016年，拼多多获得了红杉资本、联想创投等机构的1.1亿美元投资，推动其在市场上攻城略地，持续扩大商业模式的覆盖范围。

2017年，拼多多获得了红杉资本、腾讯、高瓴资本等机构的11.32亿美元投资，令其进一步巩固了迅猛发展的良好势头，为顺利上市打下了坚实的基础。

2018年，拼多多再次获得腾讯、红杉资本、高瓴资本等机构的18亿美元投资。这笔资金的到来，将拼多多的社交电商模式推广到了千家万户，也令其成功跻身电商巨头行列。

可见，在公司的发展过程中，资金合伙人的作用等同于一个人的心脏，正是有了它持续不断地输送血液，公司才能健康地成长起来，才会变得无比强大。

既然资金合伙人之于公司有着如此重大的作用，那么创始人如何挑选最适合自己的资金合伙人呢？主要有以下两点，如图3-8所示。

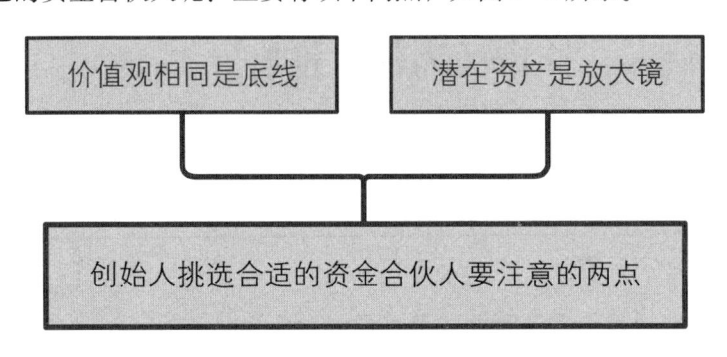

图 3-8　创始人如何挑选合适的资金合伙人

1. 价值观相同是底线

当公司在市场上展现出一定的发展势头或者潜能时，便会有投资者与创始人接触。这个时候，创始人需要保持足够的定力，不能什么资金都要，而是要考察投资人的价值观，确保彼此能够在同一个纬度上"共振"。

（1）潜在资金合伙人必须认同公司的发展目标

公司之所以需要源源不断的现金流，是因为在实现发展目标的过程中需要持续投入人力、物力和各种资源。简单地说，创始人需要的资金合伙人，是为了获得更充足的资金来发展公司，将公司战略目标变为现实。

假如潜在资金合伙人对公司的发展目标并不认同，他们注入资金的一个最主要目标是改变公司的发展方向，那么这种钱便是"有毒"的。假如创始人拿了这种资金，公司今后的发展就会充满不确定性，会偏离最初设定的航向。

因此，潜在的资金合伙人必须认同公司的发展目标，这样才能同创始人组成一个战斗力爆棚的团队，推动公司更好更快地发展。

（2）潜在资金合伙人对公司控制权没有兴趣

资金合伙人向公司注入资金，获得相应的股权，待公司价值提升上去，利润增加上去，便会获得源源不断的金钱回报。简单地说，资金合伙人看重的是创始人的能力和魄力，是公司的发展潜力，是金钱上的丰厚回报。

假如资金合伙人除了金钱还对公司控制权感兴趣的话，那么即使他承诺投资的钱再多，创始人也要远离。原因很简单，假如创始人失去了公司的实控权，公司获得再多的资金，发展得再好再强大，跟你也就没有任何关系了。

可见，一个合格的资金合伙人，是不会对公司控制权感兴趣的。如果对方目的不纯，想要通过注资获得更多的股权继而达到掌控公司的目的，即使对方提供的资金再多，创始人也要坚决说"不"！

2. 潜在资产是放大镜

在寻找资金合伙人时，除了对方有足够的资金，并且和我们价值观一致外，还需要看对方是否拥有其他帮助公司发展的资产。虽然在竞争异常激烈的市场上没有钱是万万不行的，但有钱仅仅是成功的一个前提条件——除了钱，创始人还需要流量、渠道、人脉等多种资源的支持，才能更好更快地向成功之巅冲刺。

比如，拼多多之所以接纳了腾讯的投资，是因为从腾讯这里除了能够获得发展急需的金钱外，还能获得社交变现的渠道——不管是微信还是QQ，数以亿计的用户资源本身便是一个巨大的流量池塘。正是有了巨大流量的支撑，拼多多才能凭借着"砍一刀"模式以超出所有人预期的速度野蛮生长。

综上所述，除了资金外，一个合格的资金合伙人身上还可能具备三种潜在资产，如表3-11所示。

表 3-11 资金合伙人可能提供的潜在资产

潜在资产	注释
业务	资金合伙人拥有较强的业务能力,能够帮助公司理顺流程,制造出会具有市场竞争力的产品或服务
资源	资金合伙人拥有渠道、流量等方面的丰富资源,能够帮助公司更好地传播产品或品牌信息,更快地打造出称霸市场的爆
人脉	资金合伙人在行业内拥有较为丰富的人脉网络,能够帮助公司获得更多的资金和业务,更好地打开市场

在寻找资金合伙人的过程中,绝对不能"谁钱多就要谁"。只有深刻地了解资金合伙人,创始人才能够精准地把握遴选合伙人的尺度,找到自己的事业伙伴。

第七节

资源合伙人，整合资源让"1+1＞2"

从弱小变强大，从默默无闻到行业知名，一家公司需要的不仅是技术、管理、运营和资本，还需要资源。对创始人而言，假如身边存在这样一个合伙人——他能够为产品销售提供可靠的销售渠道，他能够帮助公司快速开拓新的市场，他能够帮助公司快速编织生态链条，打通跨行业经营的通道——那么创始人便可以给予其一定的股份，将其发展为自己的资源合伙人。

2024年，陕西西安某餐饮品牌创始人王先生打算进军甘肃兰州市场。该餐饮品牌定位"中产饮食管家"，以城市商业综合体为主要拓展对象，想要在兰州落地生根。起初，单打独斗的他到每个商场跟对方面谈，成效缓慢。显然不如与掌握当地商场资源的人合作效率更高，收益更大。

后来，通过熟人介绍，王先生认识了在兰州打拼多年且拥有丰富商场资源的谢雄。双方的合作意向都很强烈，谢雄答应拿出自己在兰州各大商业综合体内的铺位，供王先生的餐饮公司使用，王先生则答应给予谢雄35%的甘肃公司股份。

可见，对一家公司而言，资源合伙人是非常重要的，找对了，便能够为公司发展安上一双腾飞的翅膀。

那么，什么是资源合伙人呢？

望文生义，资源合伙人就是手中掌握着公司发展急需的资源并且有意与公司合作的人。在这一合作中，公司和资源合伙人是相互成就的关系：公司从资源合伙人手中获得了急需的发展资源，变得更加强大，更有价值；资源合伙人从公司获得了股份，将资源变成了可见的经济利益。

通常情况下，资源合伙人手中掌握的四大类资源是公司急需的，如表3-12所示。

表3-12 资源合伙人手中掌握的四类稀缺资源

资源类型	注释
技术	公司发展急需某种技术，自己开发的话成本非常高或者没有开发出来的可能性，掌握这种技术的人便可以成为公司的资源合伙人
动产和不动产	公司急需某种动产或者不动产时，因购入的成本较大，此时可以和手中拥有动产或不动产资源的人合作，以股权来置换对方的资源
渠道	渠道是公司产品或服务进入某个平台的通道，比如，掌握着某一地区的超市渠道，某个城市的商场渠道等资源的人。当公司需要开拓新市场或提升产品占有率时，可以将掌握某种渠道资源的人发展成合伙人
人脉	在某个行业、某个领域、某个城市等掌握丰厚的人脉资源的人，能够帮助公司更好地开展业务，更快地实现目标

可见，资源合伙人之于公司是非常重要的。那么，什么样的资源合伙人才是创始人的最佳搭档呢？如图3-9所示。

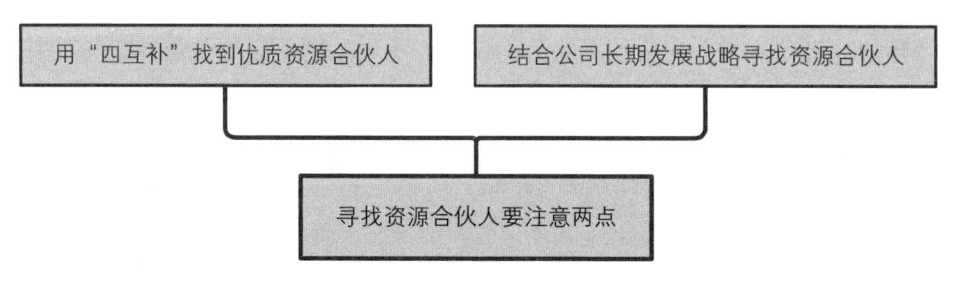

图3-9 寻找资源合伙人要注意两点

1. 用"四互补"找到优质资源合伙人

是不是只要掌握一定的资源，就能成为创始人的最佳搭档？答案显然是否定的，假如对方不能和创始人实现完美互补，那么即使其手中掌握再多的资源，也非良配。

通常，创始人和资源合伙人之间会呈现"四互补"关系，如表 3-13 所示。

表 3-13 优秀资源合伙人"四互补"

互补类型	注释
性格互补	合伙人在性格上能不能互补，在很大程度上决定了公司的命运。假如创始人性格比较内向，那么找一个外向的资源合伙人是很好的选择；创始人比较感性，找一个理性的资源合伙人是最好的选择
能力互补	创始人和资源合伙人在能力上最好要有互补性，重叠的能力意味着浪费，而互补的能力则能实现"1+1 > 2"。比如，创始人精通管理，资源合伙人善于沟通外联
资源互补	公司缺什么资源，就需要掌握什么资源的合伙人，这样的合作才有互补性。比如，公司的产品运营急需社交流量资源，这个时候掌握大量用户资源的网红、名人便是最好的资源合伙人
思维互补	创始人和资源合伙人在思维上互补，能够让公司走得更远。比如，创始人善于形象思维，而资源合伙人更擅长逻辑思维

2. 结合公司长期发展战略寻找资源合伙人

创始人在寻找资源合伙人时，除了要坚持互补性原则外，还需要结合公司的长期发展战略。简单地说就是未雨绸缪，将目光放长远，眼睛不能仅仅盯着短期需求。

比如，一家刚刚创建不久的服饰公司，长期目标是满足青年人的穿衣需求，做"年轻人的衣橱"。虽然现在该公司只能依赖品牌店下单做生意，但创始人却一直在留意拥有后期渠道和拓展资源的合伙人。因为再好的产品，想要快速引爆年轻人的市场，离不开各种渠道和拓展资源的支持。

因此，在寻找资源合伙人时，创始人需要结合公司的长远发展规划做选择，力求高效利用资源合伙人掌握的相应资源为公司开疆拓土。

总之，公司创始人要足够重视资源合伙人的作用，在结合自身实际需求的基础上，为公司匹配最给力的资源提供者，在拓宽产品市场覆盖面的同时，也有助于公司更好的发展。

第八节

团队主导者，取经团队的"唐僧"

在唐僧取经的团队中，虽然孙悟空、猪八戒和沙和尚各有所能，但主导他们前进方向的却是看似什么本领都没有的唐僧。唐僧真的什么本领都没有吗？显然不是，唐僧虽然没有什么神通，但他胜在性格坚韧，信念坚定，对取经事业从来不言放弃。正是有了他的果断决策和永不言弃的定力，才保证了取经团队始终团结在一起，最终克服重重艰难险阻而取得了真经。

对公司而言，想要在风云变幻的市场上取得"真经"，也需要为合伙团队配置一位"唐僧"。

在合伙团队中，"唐僧"的作用主要有三点。首先，把控公司总体发展战略，确保公司始终沿着正确的方向前进。

其次，进行团队激励，确保各位合伙人的工作充满奋斗激情，确保团队整体战力始终处于一种"满级"状态。

再者，弥合分歧，化解矛盾，确保团队成员始终能拧成一股绳。

从初生牛犊到行业巨舰，小米集团之所以能够在短时间内完成华丽蜕变，创造互联网科技企业发展的一个又一个奇迹，与小米创业天团的共同努力有着直接关系。雷军、林斌、黎万强、周光平、黄江吉、刘德、洪峰，共同创建了小米，他们拥有共同的目标，彼此优势互补，使得他们在创业过程中爆发出无限的激情，正是这种协同作战的精神，让小米自诞生开始便成为行业黑马。

在小米创业团队中，虽然各有分工，但雷军起主导性的作用，他主要负责公司的战略规划、业务拓展和资源整合等职能。其表现出来的敏锐市场感知,对未来市场变化的精准感知,确保合伙团队始终能将资源做重要的项目。

可见,合伙团队需要拥有一个主导者,需要建立一种高效的决策机制,如此才能确保将有限的资源投入到最正确的项目中,确保整个团队拥有最大的产出。如图3-10所示。

```
确保有一人"相对控股" → 建立高效的决策机制
```

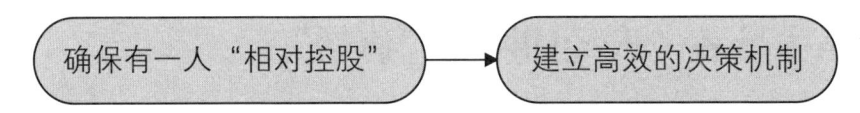

图3-10 确保合伙团队团结的两个条件

1. 确保有一人"相对控股"

在合伙人团队中,控制权的最直接的表现便是控股权,即谁持有的股权过半数,谁就对公司拥有相对甚至绝对控制权。退一步,即使超不过半数,相对其他合伙人,实控人持有的股权也要占据绝对优势。

有些创始人在组队的时候喜欢搞平均化,即大家都是好兄弟,平分股权才仗义。平分股权虽然看起来很"美",但平分意味着平权,会导致团队中缺少真正拍板的人,让团队效率变得越来越低下。另外,大家股份相同,收益相近,也会滋生"躺平"现象,大家谁也不肯出力,谁也不愿付出。

比如,在腾讯刚刚成立时,马化腾在合伙人团队中的股份虽然没有超过半数,仅持股47.5%,但是相对持股第二高的张志东(20%),马化腾持有的股权占据了绝对优势,使得其只要联合团队中的任何一个合伙人,便能轻松掌控半数以上的股权。正是这种股权上的优势,再加上其卓越的领导力,使得马化腾牢牢掌控了腾讯的发展方向。

想要确保团队中有一人"相对控股",方法有二:

第一,有人持股50%以上。

在一个创业团队中,有一人持股超过半数,便能够掌控团队大多数事项,决定团队发展方向。比如,在四个合伙人中,有一个人持股60%,其他三人各自持股20%、15%、5%。

第二，相对于其他合伙人，有人持股占据绝对优势。

在这种股权结构下，合伙人团队中有一个持股接近半数，其他合伙人持股较少，和大股东的持股数量有明显的差距。比如，四个合伙人中，一人持股48%，三人分别持股25%、15%、12%。

2. 建立高效的决策机制

除了倚靠创始人掌控团队发展方向外，团队还需要建立一套成熟高效的决策机制，依靠机制的力量完成决策，制定相应的发展计划。建立决策机制的好处是显而易见的，在实控人无法履职时能够确保合伙团队依然能够顺利决策。

那么，合作团队要如何建立高效的决策机制呢？通常，合伙团队可以根据自身实际情况，灵活选择三种决策方式，如表3-14所示。

表3-14 合伙团队的三种决策方式

决策方式	注释
少数服从多数	团队每个成员拥有一张投票权，出现分歧时投票决策，得票少的一方要无条件服从和配合得票多的一方
引入第三方	出现分歧时，合伙团队听取外部专家、学者的意见进行决策
一票否决	在组建团队时给予其中一人一票否决权，约定否决权生效的条件，比如实控人难以行权，或者团队成员就某个问题僵持不下时，该成员可以行使一票否决权

需要注意的是，决策机制不能停留在"口头约定"上，而是要写入公司章程中，如此，决策机制才具有强制力，才能发挥效力。

总之，一个高效的合伙团队，必须要有一个实际决策人，建立一套高效的决策机制，才能确保大家的力气往一块使。

第四章

善用股权模式，掌握公司话语权

第一节

搭建持股平台，有限合伙有效控制

为了降低直接持股可能出现的风险，强化对目标公司的控制，创始人通常会在目标公司上面设置一个"持股平台"。我们可以将这个持股平台简单地理解为公司进行股权融资、实施股权激励的操控台——由其持有目标公司股权，主要成员则包括创始人、外部投资人、公司被激励对象等。

以有限合伙企业的形式搭建的持股平台便是有限合伙平台，在这一平台中，通常由创始人（大股东）担任普通合伙人（GP），其他外部投资人、被激励员工担任有限合伙人（LP）。也就是说，在有限合伙持股平台中，不管创始人（大股东）、外部投资人还是被激励员工都不直接持有目标公司的股份，而是由有限合伙企业持有目标公司股份。

有限合伙企业持股平台架构如图4-1所示。

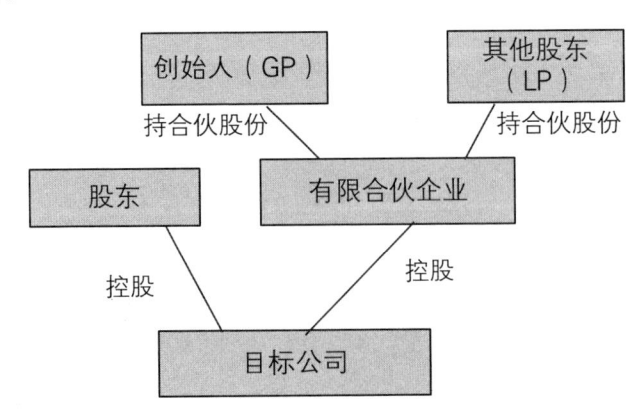

图4-1 有限合伙企业持股平台架构

与直接持股和有限公司搭建持股平台相比，有限合伙持股平台具备四大优势，如表 4-1 所示。

表 4-1 有限合伙平台持股优势表

优势	注释
强化控制	在有限合伙企业内，普通合伙人即使只拥有 1% 的股权也能对公司大小事项"说了算"。如果创始人（实控人）担任有限合伙企业的普通合伙人，便能以较小资金投入控制目标公司
方便股东管理	在有限合伙企业内，普通合伙人可以直接调整有限合伙人的持股份额，从而避免公司层面上调整股权的各种烦琐手续，便于股东管理
有利于融资	在有限合伙企业内，有限合伙人仅仅以出资额为限对公司债务承担有限责任，可以吸引外部资本，便于目标公司融资
规避风险	通过有限合伙平台持有目标公司股份，创始人（实控人）能够将自身资产和目标公司债务隔离开来，有效降低风险

既然有限合伙持股平台对创始人（实控人）而言有着如此巨大的作用，那么在实际操作时，如何搭建有限合伙持股平台呢？

通常，创始人（实控人）可以通过三个步骤搭建，如图 4-2 所示。

创始人（实控人）搭建有限持股平台的步骤
- 选择最适合的税收优惠地区
- 设置风险隔离墙
- 细化持股平台，强化信息安全

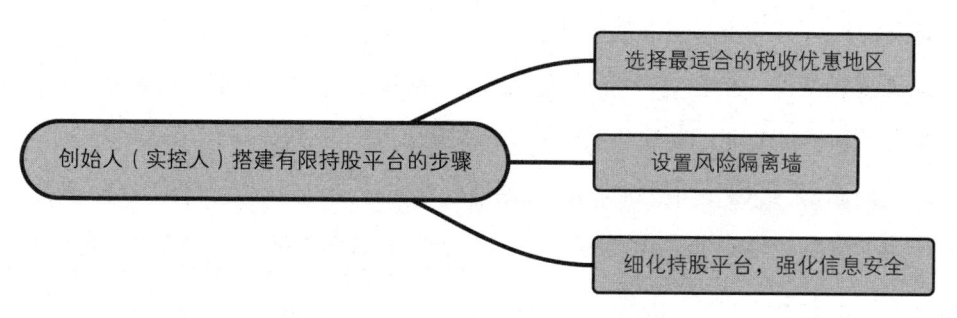

图 4-2 创始人（实控人）搭建有限持股平台的步骤

第一步：选择最适合的税收优惠地区

出于招商引资目的，国内很多地区都出台了针对有限合伙企业持股平台的税收优惠政策，形成了"税收洼地"。因此，设立有限合伙企业持股平台的第一个步骤便是对比各地保税区、自贸区、金融小镇等，选择最适合有限合伙企业持股平台的注册地。

第二步：设置风险隔离墙

尽管作为持股平台的有限合伙企业一般不开展实际业务，相对直接持股，作为普通合伙人的创始人或实控人承担无限连带责任的风险相对较小。但为了最大限度地规避可能出现的风险，创始人或实控人还需在有限合作企业之外再设置一道有限责任公司作为风险隔离墙，即创始人控股有限责任公司，再由有限责任公司担任有限合伙企业的普通合伙人，最终实现对目标公司的控制。

第三步：细化持股平台，强化信息安全

假如将外部投资人、目标公司被激励员工等有限合伙人都放在一个持股平台中，由于这些人的需求不同，退出机制各异，必然会导致合伙协议变得更加复杂，还会增加合伙模式等商业机密外泄的风险。基于此，创始人有必要对持股平台进行细化，在目标公司之上搭建多个持股平台，将外部小股东、外部投资人、被激励核心员工等放置于不同平台之中，彼此互不干扰。

可见，通过有限合伙企业搭建持股平台，对创始人（实控人）而言是非常合算的：一方面可以实现"以较少资金掌控目标公司"的目标，确保股权稀释的大背景下能够始终掌控目标公司；另一方面，相对于直接持股，通过"有限制责任公司＋有限合伙企业"的二级体系间接持股目标公司，还可以在个人财产和目标公司经营债务之间修筑风险隔离墙，有效隔离经营风险。

因此，在搭建公司股权架构时，创始人或实控人可以根据自身的实际情况，采用"有限合伙企业＋其他模式"的方法，来确保目标公司始终处于自身掌控之中。

第四章 善用股权模式，掌握公司话语权

第二节

一致行动人协议，有难同当有福共享

从某互联网大厂辞职后，王勤意识到直播带货是互联网发展的下一个风口，于是和好友张强、刘云合伙开了一家直播公司。三人一共出资100万元，其中王勤出资49万元，占股49%，张强出资36万元，占股36%，刘云出资15万元，占股15%。

在三个人的不懈努力下，直播公司经过两年的发展，市场估值达到了500万元。有投资机构找到王勤，想要以增资扩股的方式注资100万，成为该公司的新合伙人。王勤对此持欢迎态度，毕竟外部投资机构的进入，能够为直播公司带来发展急需的资金。但作为合伙人的张强对外部资金却比较排斥，认为公司只要按照最初制定的计划稳步发展即可。

张强的态度让王勤意识到掌握公司控股权的重要性，面对发展机遇，保守无异于自杀。于是，他便同刘云进行了接触，向他列举了外部投资能够为公司发展带来的一系列好处。最终，刘云同意和王勤签订一致行动人协议，在增资扩股事项上和其保持一致。

如此一来，加上刘云的股权，王勤手中便掌控了64%的股权，对公司形成了绝对控制，继而顺利通过了以增资扩股形式引入外部投资者的决议。

可见，通过一致行动人协议，有利于股权未过半数的股东实际掌控公司。特别是对一些小股东而言，通过和其他股东之间的联合，可以形成"有事一起顶，有肉一起吃"的股权联盟，确保股权力量最大化，公司控制权不旁落。

所谓"一致行动人协议"，是指公司股东之间签署的针对公司股东（大）会、董事会特定事项提案在表决中一致行动的协议。简单地说，就是公司股东约定所有事项或针对某一事项一致行动，确保得到想要的某种结果。

我们可以将一致行动人协议理解为在公司股东会之外新建一个"小股东会"。每次公司股东会要表决某个事项前，签订协议的股东会首先协调立场，确定一个能够代表大家的立场，然后在股东会上集体行使表决权。

在大多数情况下，签订一致行动人协议，意味着小股东将表决权委托给公司创始人（实控人），确保其在股权被稀释的情况下继续拥有对公司的实际控制权。比如，公司在对外融资时，创始人持有的股权会不可避免地被稀释，这个时候，创始人便可以和其他股东达成一致行动人协议，确保自己能够在股东会中掌控半数表决权。

一致行动人协议的核心要素主要有四点，如表4-3所示。

表4-3 一致行动人协议核心要素

核心要素	注释
主体	一致行动人协议的签署主体通常是公司现股东（也可以是能够成为股东的人或实控人），因为只有持有公司股权的股东才享有表决权，才会对股东会决议产生影响
对象	一致行动人协议的行动对象是目标公司，包括上市公司和非上市公司。一致行动人通过归集表决权，主导目标公司通过或否决某个决议
内容	一致行动人协议的内容聚焦于"就某事项采取一致行动"，即在公司重大决策或其他事项上建立联盟，实现共同利益
目的	签署一致性行动人协议的目的在于归集表决权，提升特定股东的表决权权重，掌控或影响重大决策、重要职务选聘的结果

除此之外，要想让协议受法律保护，创始人与其他股东签署一致行动人协议时须打好四个内容基点，如图4-3所示。

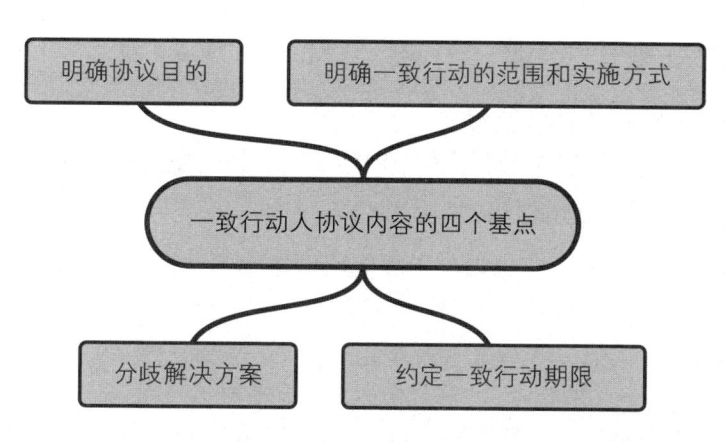

第四章 善用股权模式，掌握公司话语权

图4-3 一致行动人协议内容的四个基点

基点一：明确协议目的

虽然签订一致行动人协议的最终目的在于归集股东手中的表决权，最终掌控或影响公司重大决策或其他事项。但在实际运用中，创始人需要达成的具体目标。因此，在和其他股东签订一致行动人协议时，需要列出单独条款，明确协议签署的具体目的。

比如，创始人想要推动公司上市，做大公司价值，需要大部分股东拧成一股绳，将全部的资源往这个方向上集中，这个时候，在一致人行动协议中就需要明确这一目的，推动公司尽可能上市。

再比如，创始人想要收购产业链上游的某家公司，但收购并购属于重大事项，需要股东会三分之二以上表决权才能通过。这个时候，创始人便可与其他股东签订一致行动人协议，在协议中要明确这一目的。

在一致行动人协议中使用单独条款明确签订协议的目的，有助于签约股东理解一致行动的意义，让大家更积极地履行协议。

基点二：明确一致行动的范围和实施方式

在一致行动人协议中，要明确一致行动的适用范围，即在什么情况下大家采取一致行动，集体行使表决权。

通常，一致行动人协议的覆盖范围有两类，即全部和部分。全部，即签订一致行动人协议的股东约定在所有公司事项上采取统一行动，一致行动人会将其投票权直接委托给其中一人行使。部分，即签订一致行动人协议的股东约定只针对某项决议采取一致行动，比如，公司增资扩股。

基点三：分歧解决方案

当一致行动人就某个问题、某一事项出现分歧时，通过什么方式化解分歧，统一行动方案？

通常，一致行动人可以根据实际情况灵活选择五种分歧解决方案，如表4-4所示。

表4-4 一致行动人协议分歧解决方案

解决方案	注释
指定最终决策人	当一致行动人针对某事项出现分歧时，以某个人的意思行使股东权利
少数服从多数	两方时，人数少的一方无条件服从人数多的一方；三方时，两方意见一致，第三方需无条件服从，且投票时不可弃权
股权少的一方服从股权多的一方	如果一致行动人各方无法达成一致意见，持股比例少的各方需要服从持股多的一方，按其意见行使表决权
一致弃权或反对	假如一致行动人各方无法达成统一意见，那么在股东会就某事项表决时，就要把弃权或是反对意见进行统一
以某方意见为主	不管其他方反对还是赞同，都以某方的意见为主

基点四：约定一致行动期限

在什么时间段内采取一致行动？可以是在整个公司持续期间都采取一致行动，可以在某个固定期间内采取一致行动，也可以是在达成某一目标后立即终止一致行动。

对股权相对分散的公司而言，一致行动人协议相当于公司股东间的"结盟宣言"，有了这个协议，创始人便可以快速归集表决权，通过掌控股东（大）会，实现对公司的实际控制。

第三节

AB股模式，给自己的股票开个"挂"

苹果成立之初，乔布斯和沃兹尼亚克各自占股45%。后来，迅猛发展的苹果遭遇了"干渴症"，急需补充外部资金来支持其高昂的科研投入，提升市场占有率。于是硅谷投资人马库斯成了苹果的新股东——他为苹果带来了25万美元的运营资金，获得了苹果26%的股份。这个时候，苹果的股权结构变为乔布斯、沃兹尼亚克、马库斯各占股26%，剩余的22%股份则作为吸引后续投资者的预留股。

再之后，苹果经历了数轮融资，到苹果成功上市时，乔布斯在苹果的股份被稀释到了可怜的15%。后来，乔布斯的经营理念和董事会产生了重大分歧，彼此间争执不断。最终，董事会挥舞起了权力大棒，撤销了乔布斯在苹果的所有职务——由于他占股太低，在股东会上没有足够的话语权和表决权，乔布斯被迫离开了自己一手创立的公司。

和乔布斯因为股权设计不当而被自己创建的公司扫地出门形成鲜明对比的是，后起之秀小米在香港上市时，尽管创始人雷军的股权也被大幅度稀释，但其却始终将小米集团的控制权牢牢掌控在自己手中。

雷军是如何做到这一点的呢？

原来，小米在香港上市的时候采用的是AB股模式。在这种模式下，小米创始人雷军持有的31.41%的股份中有20.51%的A股，再加上其还持有10倍投票权的10.9%的B股，雷军在小米的投票权占比达到了55.7%。再加上林斌等合伙人所持有的投票权以及委托投票权协议获得的投票权，雷军和他的合伙人团队掌控了公司四分之三以上的表决权，这样他可以决定公司的所有事项。

任何一个企业或是公司想要快速发展，就不可避免在资本市场上融资，但是外部资本的进入必然会稀释创始人（创始人团队）的股权，继而降低其对公司的控制力度，因为每一股都代表着公司的一份话语权。创始人（创始团队）股权降低，其所能掌控的投票权和决策权也会随之减少——降低到一定数量时，便可能丧失公司的控制权。

可见，股权设计对创始人掌控公司异常重要，而AB股模式则能令公司创始人在持股比例较低的情况下获得过半数甚至更多的表决权，将公司控制权牢牢地掌控在自己手中。

如此神奇的AB股究竟是什么呢？顾名思义，AB股就是将公司股份分成两种类型的股权模式，即A类股和B类股。其中，A类股和我们经常说的普通股票是一样的，一份股票对应一份表决权。但是B类股却非常特殊，一份股票对应的表决权是A类股的几倍甚至几十倍，比如小米在香港上市时，其B类股票对应的投票权便是A类股票的十倍。

简单地说就是，在AB股模式下，一份A类股代表一个表决权，而一份B类股代表X个表决权，X既可以是10，也可以是20，甚至更多。

公司的A类股票是面向普通大众和投资机构发行的，但B类股票通常不对外发行，而是由公司的创始人（创始人团队）持有。经过相关机构批准，公司创始人（创始团队）持有的B类股票能够转化为A类股票，但A类股票不能转化为B类股票。

一般来说，AB股股权结构主要有两个特征，如图4-4所示。

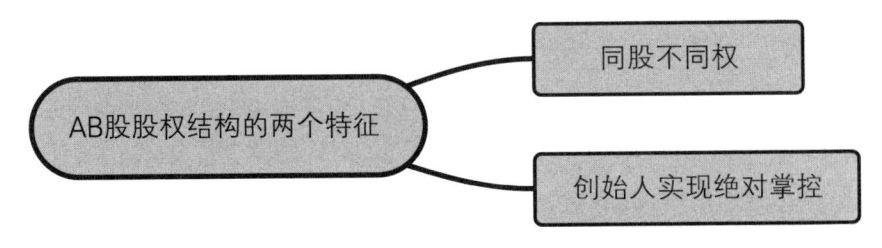

图4-4　AB股股权结构的两个特征
- 同股不同权
- 创始人实现绝对掌控

仔细分析 AB 股股权结构，和其他股权结构相比，它具备两个显著特征。

特征一：同股不同权

从本质上看，AB 股是将股东的分红权和表决权进行了分离，可以简单地理解为一样的股票在不同身份的人手中，承载了不同的权利。

这里说的"权利"，是股票自身固有的投票权、表决权等。在一家公司内，创始人或创始团队享有高于普通股东数倍甚至数十倍的投票表决权。如此一来，创始人或者创始人团队即使手中持有的股权非常少，也能掌握过半数甚至更高的表决权。

而普通股东除了能够分红获得收益外，还享有诉讼权、知情权等法定权益，只是不能影响公司的一般经营事项和重大决策。

特征二：创始人实现绝对掌控

AB 股的最主要作用是在公司持续融资的前提下，创始人团队始终拥有公司控制权。比如，某公司发行的 A 类股一股代表一票表决权，B 类股一股代表十票表决权，那么该公司创始人只需要持有 5% 以上的 B 类股，便可以实现绝对控制。

也就是说，公司在设计 AB 股股权结构时，完全可以量体裁衣，根据创始人持有的原始股份数合理设计 B 类股的投票权倍数，继而确保创始人或创始人团队掌控超过三分之二甚至更高的表决权，实现对公司的绝对控制。

AB 股股权结构对创始人或创始人团队虽然非常"友好"，但需要注意的是，在 AB 股股权结构模式下，创始人对公司的绝对控制权可能引发一系列治理问题，诸如过度依赖创始人决策、利益输送等。因此，在设计 AB 股股权架构时，创始人需要适当融入其他股权结构，中和 AB 股权结构的弊端。

第四节

委托投票权协议，我为你们"代言"

某股份有限公司实控人为常诚，该公司在山东德州设有一家子公司甲，持有其42%的股份。为了进一步提升对公司甲的控制，该股份有限公司和公司甲的自然人股东付启辉签订了《委托投票权协议》。按照该协议，付启辉将其所持有的公司甲19%股份对应的除收益权和处分权之外的其他股东权益授权给某股份有限公司行使。

该《委托投票权协议》主要内容为：

1. 公司甲股东会会议审议议案时，某股份有限公司实控人常诚可以根据自身意志行使19%股权对应的表决权。

2. 某股份有限公司实控人常诚享有19%股权对应的提名权、提案权等股东权利。

3. 委托投票权协议自签署之日生效，至付启辉持股比例低于2%时失效。

4. 上述授权委托无条件且不可撤销，且付启辉在签订协议后6年内不得转让上述19%的股权。

至此，某股份有限公司掌控了公司甲三分之二的股权，对其实现了绝对控制。可见，通过委托投票权，创始人能够有效归集表决权，实现对目标公司的有效控制。

这里提到的委托投票权，又称为表决权代理，是指公司股东自愿将自己在股东（大）会上享有的投票权委托给他人行使。比如，在京东上市前，刘强东便和十一家投资机构签订了委托投票权协议，继而掌控了过半数的投票权，确保了对京东的控制权。

第四章 善用股权模式，掌握公司话语权

我国《公司法》第一百一十八条规定：股东委托代理人出席股东会会议的，应当明确代理人代理的事项、权限和期限；代理人应当向公司提交股东授权委托书，并在授权范围内行使表决权。

在这里需要特别注意的是，股东对外委托的通常都是股权对应的表决权、提案权、提名权、选举和罢免权、质询权、会议出席权、文件签署权等，并不包括分红权、优先购买权、剩余财产分配权、股权处分权等对应的财产利益。

委托投票权和一致行动人协议都能够将股东的表决权集中到某个人手中，但二者之间存在比较明显的区别，如表4-5所示。

表4-5 委托投票权和一致行动人协议区别

区别点	委托投票权	一致行动人协议
受托人	可以是公司的股东，也可以不是公司的股东	一致行动人必须是公司的股东，否则就谈不上一致行使表决权
归集形式	其他股东将表决权委托给一个人独享	可以多人共享表决权，意见不一致时按照事先约定机制解决
覆盖范围	股东可以委托全部表决权，也可以委托部分表决权	签订一致行动协议的股东必须统一行使所有表决权
签订形式	委托人可以单方签署委托书	只能双方或者多方签署一致行动人协议

公司创始人在和其他股东签订委托投票权协议时，为了确保协议具备法律效力，不出任何纰漏，内容上必须做好"六明确"。如图4-5所示。

- 明确投票权委托人和受托人
- 明确投票权委托的股份
- 明确投票权委托范围
- 明确投票权委托的期限
- 明确委托人所持公司股权的限制条件主题
- 明确提前终止情形和违约责任

（委托投票权协议的内容要点）

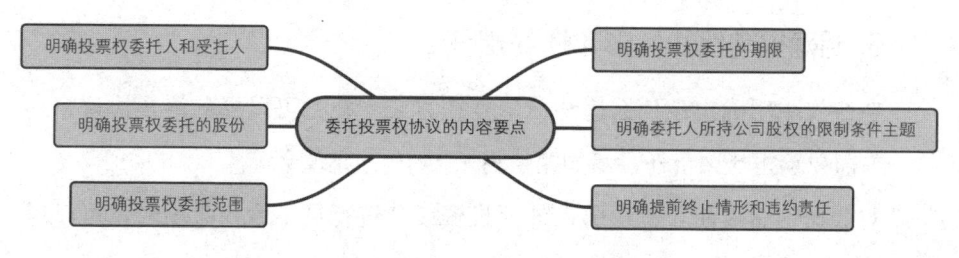

图4-5 委托投票权协议的内容要点

1. 明确投票权委托人和受托人

要在协议中将双方姓名、身份证号码、公司职务等关键信息一一明确，固定双方身份。

2. 明确投票权委托的股份

委托人要将多少股权对应的投票权委托给受托人，在协议中要明确，不能出现任何歧义。

3. 明确投票权委托范围

股东委托的股票相关权益通常包括投票权、表决权等，在协议中要重点明确四个要点：代为行使股东提案权，有权提议选举或者罢免董事、监事以及其他议案；代为提议召开临时股东会或股东大会；代为参加股东会或股东大会，行使股东质询权和建议权；代为行使表决权，签署相关文件，但不涉及分红、股权转让、股权质押、增资、减资等涉及委托人所持股权处分事宜的事项。

4. 明确投票权委托的期限

股东在什么时间内将投票权委托给受托人，要在协议中明确。

5. 明确委托人所持公司股权的限制条件

这个限制条件是指委托人所持公司股权在一定时期内的限制条件，比如，委托人持有的公司股权，5年内不得转让或减持。

6. 明确提前终止情形和违约责任

在协议中明确出现什么违约情形委托方或受托方可以提前终止协议，违约一方需要承担什么责任，诸如赔偿另一方10万元现金等。

对公司创始人而言，在引入外部投资或者进行员工股权激励时，可以考虑通过委托投票权协议强化对公司的控制。通过委托投票权协议，创始人可以将投资人、股权激励对象等持有的投票权归集到自己手中，强化对公司的控制力。

第五节

控制目标公司，开发公司章程隐藏功能

很多创始人在强化自身对公司的控制权时，习惯性地看重股权，却忽略公司章程，认为只要手中掌控过半数甚至更多的股权或表决权，便可以实现对公司的绝对控制。其实，通过归集股权或表决权强化控制权的方法虽然有效，但成本却非常高昂，而通过公司章程则能低成本地完成同样的目标。反之，忽视公司章程的设置，则有可能失去对公司的有效控制。

天意公司成立于2022年10月6日，注册资本为1000万元，共有两名股东，其中隆泰公司出资80%（大股东，占股80%），兴盛公司出资20%（小股东，占股20%）。

天意公司经营期间，两名股东因为利益诉求不同，多次产生矛盾。2023年，兴盛公司多次拒绝参加隆泰公司召开的股东大会和临时股东会议。2024年1月，隆泰公司再次召开股东大会，在兴盛公司缺席的情况下通过了增加天意公司注册资本500万元的决议，按照该决议，兴盛公司需要增资100万元。

兴盛公司随即提出诉讼，请求法院撤销天意公司股东大会决议。最终，持股20%的小股东兴盛公司胜诉，持股80%拥有绝对控股权的隆泰公司却败诉了。

为什么会出现这样的反转呢？

原来，在天意的公司章程中有这样的约定条款：公司增加或减少注册资本，必须召开股东大会并且全体股东一致通过决议。也就是说，天意公司增加或减少注册资本，必须全体股东出席会议并且还要在百分之百的同意下才能通过。

我国《公司法》第一百一十六条规定："股东会做出修改公司章程、增加或者减少注册资本的决议，以及公司合并分立、解散或者变更公司形式的决议，应当经出席会议股东所持表决权的三分之二以上通过。"百分之百也是"三分之二以上"，所以隆泰公司虽然持有天意公司 80% 股权，但最终还是败诉。

《公司法》第五条规定，设立公司应当依法制定公司章程。公司章程对公司、股东、董事、监事、高级管理人员具有约束力。也就是说，只要开办公司，就必须设立章程。

那么，公司章程到底是什么呢？

其实，公司章程本质上是股东在协商基础上自愿达成的协议，是公司的内部自治性规范，直接决定了公司的组织和行为准则。也就是说，只要公司章程条文不和法律、行政法规相抵触，便对公司全体股东有着天然的法律约束力。

对内，不管股东出资多少，什么时候出资，如何出资，以什么形式参与公司的经营管理，如何分红，所持股权如何继承，股东的权利行使，法定代表人、董事、监事、高级管理人员的任命条件和程序，股东的进入和退出，注册资本金的增加和减持，等等，只要涉及公司的事项和问题，都可以在章程中约定，形成条文。一旦形成了条文，便等同于公司宪法，公司所有员工都必须遵守。

对外，公司章程是公司的信用名片，代表的是公司的公信力。因为公司章程制定后需要在工商部门进行登记备案，此后便会对公司产生公信力：

一方面，外部人员会从公司章程中直观地了解到公司的股权结构、治理体系和组织文化，在此基础上对公司形成一个最直接的认知轮廓。

另一方面，外部人员会将公司章程视为公司股东、董事、监事、管理人员的一种自我约束，其代表的也是一种公司对外承诺。这样一来，公司章程越全面，约束力越强，公司在外人眼中便越值得信任。

对创始人而言，如何利用公司章程强化自身对目标公司的控制权呢？想要做到这一点，创始人可以从两个重点方向入手，如图 4-6 所示。

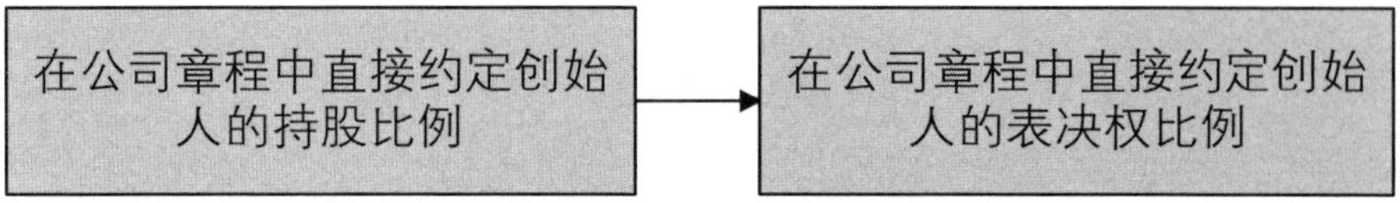

```
┌─────────────────────┐      ┌─────────────────────┐
│ 在公司章程中直接约定创始 │ ──→  │ 在公司章程中直接约定创始 │
│     人的持股比例     │      │    人的表决权比例    │
└─────────────────────┘      └─────────────────────┘
```

图 4-6　利用公司章程控制目标公司的两个重点方向

方向一：在公司章程中直接约定创始人的持股比例

虽然在大多数情况下，股东的持股比例要与其出资比例一致，但是在有限责任公司内，在全体股东协商一致的前提下，可以不按照出资比例来分配股权。因此，有限责任公司的创始人可以和其他股东协商，在公司章程中直接约定自己持有的股权比例，诸如61%以上的绝对控制权，甚至一票否决权。

当然，为了让协商变得更加容易，创始人可以采用"资金股+人力股"的方式来说服公司其他股东。所谓"资金股"，即直接出资取得的股权，是实打实的股权。而"人力股"则是创始人参与公司经营、管理等事务所获得的股权，参与经营、管理等事项的价值可以适当往上评估，继而提升创始人持有的人力股占比。资金股与人力股合计的股权比例，便是创始人在公司中的股权占比。

方向二：在公司章程中直接约定创始人的表决权比例

《公司法》第六十五条规定，股东会会议由股东按照出资比例行使表决权；但是，公司章程另有约定的除外。因此，在有限责任公司内，表决权是可以与出资比例不同的，创始人可以在同其他股东协商一致的基础上，在公司章程中直接明确自己拥有的表决权比例。比如，创始人持股35%，但其在股东会中拥有70%的表决权，这样就可以实现对公司的绝对控制。

总之，创始人可以在同其他股东协商一致的基础上，通过相应的章程条款确保自己对公司的绝对控制权。因此，在制定有限责任公司的公司章程时，创始人可以根据实际情况，增加一些"个性化"的条款强化自身对公司的控制权。

第六节

"两会一层",走高端路线的控股手段

在公司组织结构中,"两会一层"是最主要的组成部分,其中又以股东会、董事会和管理层最为重要,直接影响到创始人对公司的控制力度。因此,创始人在实控公司的过程中,可以走高端路线,通过掌控股东会、董事会和管理层实现对公司的控制权,如图4-7所示。

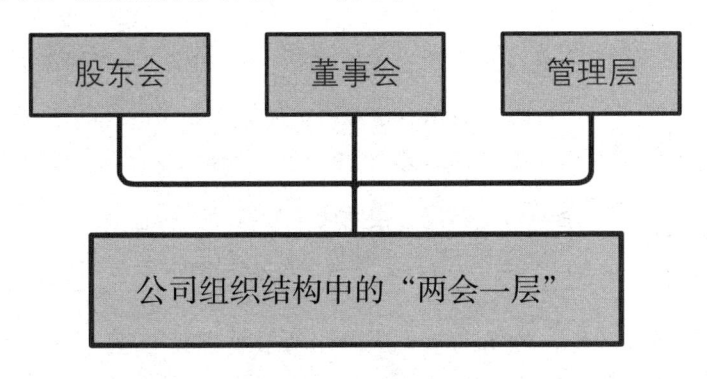

图4-7 公司组织结构中的"两会一层"

1. 股东会

在公司治理结构中,股东会处于金字塔的最顶层,是决定公司重大事项的结构。根据《公司法》规定,过半数股东(大)会表决权可以决定公司一般事项,而增加或减少注册资本金、合并、分立等重大事项则需要股东(大)会三分之二以上表决权通过。

因此,创始人要强化对公司的控制权,就必须提升自身对股东会的控制力度——掌握了股东(大)会半数以上表决权,便可以获得相对控制权以及

对重大决议的否决权，而获得三分之二以上表决权，则可实际影响公司重大决策事项，实现绝对控制。

那么创始人如何控制股东会呢？通常，创始人可以根据实际情况，灵活采用以下几种方式实现对公司股东会的控制，如表4-6所示。

表4-6 创始人控制公司股东会方式表

控制方式	注释
提升股权比例	通过注资、收购等方式直接提升股权比例，超过三分之二可以决定公司绝大多数经营问题，过半数则可决定除修改公司章程、增加或减少注册资本以及公司分立、合并、解散或变更公司形式之外的所有事项
发行优先股	优先股股东可以先于普通股股东分配公司利润和剩余财产，但并不享有股东（大）会表决权。因此创始人可以通过非公开发行优先股的方式确保自身对股东会的控制
实行AB股制度	通过持有拥有更多表决权的B类股票，创始人或创始人团队可以确保在股东（大）会拥有相对或绝对控制权
一致行动人协议	和公司其他股东结成一致行动人，在股东（大）会上采取相同立场，实质影响股东会决议

除了上述方式外，公司创始人还可以通过委托投票权、股权代持协议、表决权排除制度等方式归集表决权，确保对股东会拥有足够的影响力。

2. 董事会

虽然董事会要由股东会选举产生，但除了公司章程中另有约定外，股东会并没有直接干预董事会运作的权力。

也就是说，董事会是公司的经营决策机构，是公司市场行为的绝对"大脑"——除了需要在股东（大）会上表决的重大事项外，公司的其他事项都由董事会决策。因此，创始人想要提升自身对公司的掌控力度，董事会是绕不开的门槛。

那么，问题来了，创始人如何提升自身对董事会的控制力度呢？通常，公司创始人可以通过三种方法掌控董事会，如表 4-7 所示。

表 4-7　创始人掌握董事会方式表

方法	注释
掌控董事提名权	《公司法》对董事候选人如何产生并没有具体规定，创始人可以在公司章程中设定专门条款，掌控董事提名权，始终保持过半数的董事会表决权。比如，可以在章程中规定"公司董事由公司创始团队提名"
直接担任董事长	创始人可以直接担任董事会董事长一职，并在公司章程中对董事长的具体职能进行约定，明确其可以在董事会闭会期间行使董事会部分职权。另外，还可以在公司章程中对担任董事长人选的资格设限，比如"董事长必须在连续任职三年以上的董事中产生"，确保创始人可以长期担任董事长一职
设置董事辞退条款	通过设置董事辞退条款、增加更换董事的程序等方式，创始人可以确保创始团队在董事会中的董事名额始终超过半数。比如，在公司章程中约定每个年度能够更换现有董事名额的五分之一，当创始团队在董事会中的董事名额不足半数时，创始团队有权指定临时董事，确保其董事名额始终超过半数

3. 管理层

管理层是公司治理的重要组成部分，承担的是公司股东会、董事会决议决策的具体执行任务。另外，公司管理层不但具有对内的管理权，还能对外代表公司行使职权。因此，通过掌控管理层，创始人也能提升自身对公司的掌控力度。

那么，公司创始人如何强化对管理层的控制呢？通常，创始人可以通过三种方法强化自身对管理层的控制，如表 4-8 所示。

表 4-8 创始人控制管理层的方法表

方法	注释
控制高管选聘	通过严格把控 CEO、总经理、副总经理、财务负责人、董事会秘书等高管的选聘流程，确保高管人员属于己方阵营
约束高管职权	通过公司章程明确高管人员的职权、义务和责任，对其进行合理授权，确保高级管理人员的权力受到监督
加强高管激励	使用股票、年终奖等形式强化高级管理人员的激励，最大限度地激发他们的创新创业激情

总之，创始人通过掌控股东会表决权、董事会成员提名权以及管理层的选聘和激励，能够有效实现对公司的全方位掌控。

第七节

构建工会持股模式，工会既发福利也发"服力"

作为公司创始人，想要在股权比例不占压倒性优势的情况下保持对公司的绝对控制，还可以构建工会持股模式。工会是很多人耳熟能详的存在，是员工自愿结合的组织，具有较为广泛的群众基础和组织优势。工会的作用可不仅是"发发福利"那么简单，利用得当，它还能成为公司内部持股主体，成为创始人稳定公司的好帮手。

何谓工会持股？简单地说，就是由工会代表员工持有公司股份，将员工利益同公司利益深度绑定在一起。在这种股权结构下，工会成了员工利益的代表，成了连接员工个人利益和公司发展利益的桥梁。

相对其他持股模式，工会持股主要优势如表4-9所示。

表4-9 工会持股优势一览表

优势	详情
强化凝聚力	通过代表员工利益的工会持有公司股权，令员工得以共享公司发展成果，继而最大限度地增强公司凝聚力
巩固创始人控制	通过工会持股，将股票对应的表决权和分红权、增值权等剥离，创始人能够更好地巩固对公司的控制
降低公司风险	工会持股可以有效降低公司的财务和经营上的风险，令公司获得更强的抗风险能力

续表

优势	详情
提升公司竞争力	工会持股模式下，员工角色的转变会大大提升其创新创业激情，继而爆发出更加强大的创新能力，令公司竞争力更上一层楼

在工会持股模式下，创始人如果不是工会的领导，其持有的股权和工会持有的股权相差又很大，比如，创始人持股1%，工会持股99%，那么创始人如何实现以少量股权实际掌控公司呢？

通常情况下，公司创始人可以通过三种方法掌控工会持有股权对应的表决权，继而对公司实现有效控制，如表4-10所示。

表4-10 创始人掌控工会持有股权对应表决权方法表

方法	详解
同股不同权	在有限责任公司内，通过公司章程给予创始人能够达到绝对控制的表决权，诸如70%、80%、90%，甚至一票否决权
工会章程约定	工会可以在《工会章程》中约定，由公司创始人行使其在公司股东会的权益
委托行权	工会向创始人出具《授权委托书》，委托公司创始人行使其在公司股东会的表决权

通过上述三种方法，即使公司创始人持股比例低于1%，也能通过掌控工会持股对应的表决权而将公司牢牢控制在自己手中。

创始人又如何顺利落地工会持股的股权架构呢？通常，在具体操作时，公司创始人可以分四个阶段实施，如图4-8所示。

图4-8 工会持股的股权架构的四个阶段
（成立持股会、员工自愿入股、制定分红方案、监督和管理）

阶段一：成立持股会

创始人首先推动公司工会成立持股会，由其作为员工持股的平台。持股会的主要功能是代员工行使相应权利，负责员工的入股登记、股权分红等。

阶段二：员工自愿入股

公司提出股权激励计划，符合条件的员工根据自身实际需求，选择是否入股。

阶段三：制定分红方案

公司根据经营状况好坏，在与员工持股会协商的基础上，制定出合理分红方案，确保员工能够共享公司发展成果。分红比例的确定应当遵循公平公正和透明的原则，可以根据公司利润的变化灵活调整。

阶段四：监督和管理

公司和工会应当建立完善有效的监督和管理制度，确保持股会能够合法合规运行。另外，当员工对持股会提出建议或某方面质疑时，持股会也能有规可循，及时给予反馈，解决问题，消除误解。

那么，工会持股如何退出呢？

《社会团体登记管理条例》和民政部办公厅 2000 年 7 月发布的《关于暂停对企业内部职工持股会进行社团法人登记的函》（民办函 [2000] 110 号）规定，职工持股会属于公司（单位）的内部团体，不再由民政部登记管理。对此前已经登记的职工持股会在社团清理整顿中暂不换发社团法人证书。

也就是说，现在的职工持股会已经失去了成为法人的资格，是不能成为公司股东的。因此，证监会不再受理工会作为股东或发起人的公司公开发行股票的申请。即，存在工会持股的公司现阶段是不能公开上市的。

因此，假如公司有上市计划，需要将工会持有的股份"消化"掉。通常，公司创始人可以采用六种方法"消化"工会持股，如表 4-11 所示。

表 4-11 六种方法"消化"工会股份

方法	详解
员工委托代表人	持股员工可以自愿组合成若干（不超过 50 人）持股小组，然后每个小组选出一个代表人，小组内成员将自己持有的股票委托给代表人管理。代表人在工商部门登记后成为公司的股东，代表小组内成员行使股东权利，维护其利益
转让股权	内部员工将先前由持股会代持的股票以适合价格转让给公司创始人或其他自然人股东。受让人获得股权的资金要和本公司资产"隔离"，没有任何联系
信托股权	内部员工将之前由持股会代持的股权信托给信托管理机构，信托管理机构以受托人的身份持有公司股权
内部消化	公司中高层管理人员出资收购由持股会代持的员工股权，双方在平等协商的基础上确定具体收购价格
公司收购	公司出资收购员工持股会代持的股权，将之用作后续的股权激励计划
卖给合作伙伴	公司创始人可以寻找外部合作伙伴，由其收购员工持股会代持的股权，顺利实现公司重组

第五章

股权比例设计，守住公司控制权

第一节

了解持股方式：直接+间接+交叉

对公司创始人而言，以什么方式持有公司股票是经营和掌控公司的关键性问题——在相同持股比例下，持股方式不同，公司的税务负担就不同，创始人能够掌握的决策权、控制权等也会出现差别。

因此，在设计持股比例时，创始人首先需要根据自身和公司实际情况，选择最佳持股方式。

一般来说，持股方式分为直接持股、间接持股、交叉持股，如图5-1所示。

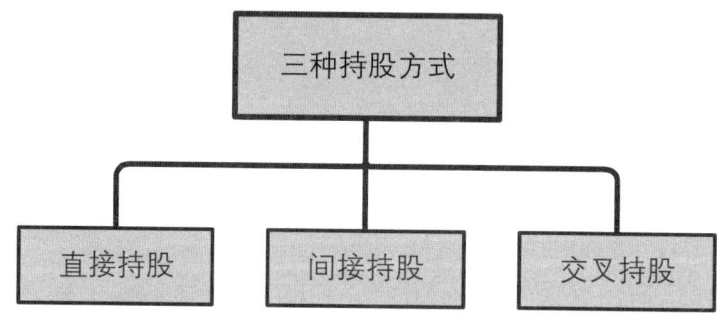

图5-1 三种持股方式

1. 直接持股

直接持股是指自然人通过出资、股权转让、使用奖金购买等方式，直接成为目标公司工商登记上的股东，如图5-2所示。

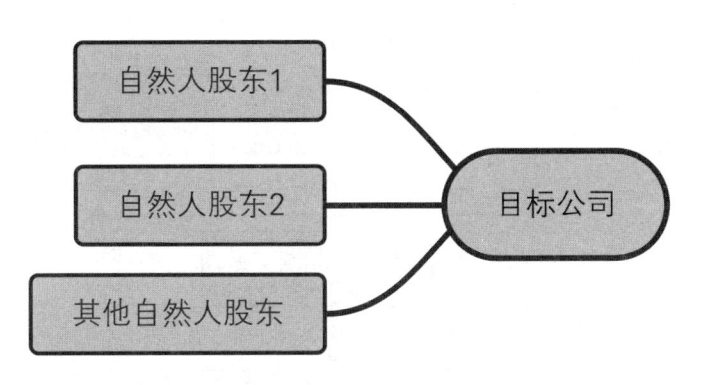

```
┌─────────────┐
│  自然人股东1  │──┐
└─────────────┘  │
┌─────────────┐  │   ┌─────────┐
│  自然人股东2  │──┼──│ 目标公司 │
└─────────────┘  │   └─────────┘
┌─────────────┐  │
│ 其他自然人股东 │──┘
└─────────────┘
```

图 5-2　直接持股方式

直接持股主要有两个主要优势：

第一，直接持股适用性较强，具有普遍性。

自然人直接持有目标公司股票，成为目标公司的股东，操作起来相对简单，只需要在工商部门完成登记即可。因此，很多有限责任公司在成立初期，合伙人都按照出资额直接持有公司股份。

第二，股东需要承担的税负一目了然。

自然人直接持有目标公司股份，之后如果需要转让，可根据相应纳税规则直接计算出需要承担的税费，并可以在现行纳税规则下制定最佳纳税方案。

但是需要注意的是，直接持股也意味着被激励员工或者公司外部投资人成为法律认可的股东，享有《公司法》规定的股东权利。也就是说，直接持股股东除了享有分红权外，还享有表决权、提案权等权利，会在一定程度上削弱创始人或创始人团队对公司的控制。

2. 间接持股

间接持股是指创始人、投资人、公司员工并不直接持有公司股份，而是通过某一平台间接持股，如图 5-3 所示。

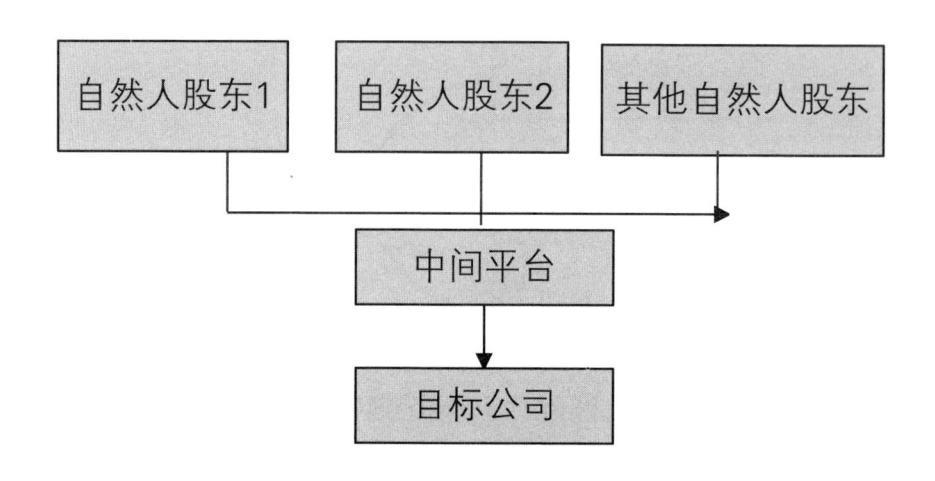

图 5-3　间接持股方式

在这种持股模式下，公司创始人能够将其他股东的分红权和表决权剥离，确保自身对目标公司的控制。比如，对公司员工进行股权激励时，创始人可以先设立一家有限公司作为目标公司员工持股平台，然后通过投票权委托、签署一致行动人协议、公司章程约定等方式，确保对该平台的控制，继而实现对目标公司的实际掌控。

当然，除了设置有限公司作为中间持股平台外，创始人还可以设置有限合伙企业作为员工持股的载体。在有限合伙企业中，创始人担任普通合伙人，目标公司的被激励员工作为有限合伙人，创始人不管持股多少，都对有限合伙企业具备绝对掌控权。

除了便于创始人掌控目标公司外，间接持股对股东而言还具有两个比较明显的好处：

（1）可以明显降低税负

将中间持股平台设立在税收洼地，可以享受到当地的税收优惠政策，能够显著降低股东需要承担的各种税负。

（2）间接持股可帮助股东有效"防火"

通常情况下，如果直接持股，股东对公司债务承担的责任较大——当公司资不抵债时,根据债权人的要求,股东实缴期限会被加速到期,需要短时间内全额缴纳承诺的出资额。而在间接持股模式下,间接持股平台以其认缴的出资额为限对目标公司债务承担有限责任,而持股平台股东又对持股平台债务承担有限责任,双重甚至多重过滤后,股东对目标公司债务承担的责任会大大降低。

需要注意的是,间接持股方式可能会降低目标公司被激励员工的认同感,因为他们会觉得自己并非公司的直接股东,认为公司创始人并没有将他们当作真正的合伙人。因此,相对直接持股,间接持股对员工的激励效果要弱一些。

3. 交叉持股

交叉持股又称相互持股,即为了实现某种特定目标,两个或两个以上公司相互持有对方股权,彼此成为对方的投资者。比如三家公司甲、乙和丙,甲公司持有乙公司15%的股权,乙公司持有丙公司10%的股权,丙公司又持有甲公司20%的股权,这就是典型的交叉持股方式。

交叉持股的主要优势有以下三点:

(1)帮助公司有效抵御外部"入侵者"

当一家公司面对外部资本恶意收购时,也会伤害到互为股东的交叉持股公司。如此一来,大家就会结成联盟关系,以集体股权优势应对恶意收购的外部资本。

(2)有助于提升公司的价值

交叉持股形成你中有我我中有你的关系,可有效提升各公司间的协同效率,在产品研发、营销等方面形成合力,提升公司"出圈"的概率。一旦其中一家公司"出圈",那么交叉持股的其他公司价值也会随之上涨。

(3)便于公司获得更多的外部资源

公司和不同类型的企业交叉持股,能够获得不同类型的外部资源,继而为公司发展注入更强劲的动力。比如，和金融机构交叉持股，可以帮助公司获得宝贵的资金支持；和互联网公司持股，可以让公司获得更大的流量支持；和上下游公司交叉持股，可以让公司快速搭建好生态链条，等等。

可见，直接持股、间接持股和交叉持股各有优势，公司创始人在进行股权设计时，需要根据实际情况选择最贴合的持股方式，继而达到公司治理和实际控制的有效平衡。

第二节

股权比例数字，决定公司的控制权

王明、许磊和谢聪是多年的好友，疫情结束后国内旅游市场回暖，三人从中看到了商机，决定合伙开一家旅游公司。旅游公司注册资本100万元，最初设想的股权架构是三人各占三分之一的股权，但是在工商部门登记时，股东占股必须用具体数字明确，三分之一显然不方便登记。

这个时候，王明提出自己出资34万，占股34%，许磊和谢聪各自出资33万，各占股33%。许磊和谢聪认为34%和33%之间的差距微乎其微，便同意了王明的提议。就这样，王明凭借着微弱的股权优势担任了旅游公司的董事长和法人代表。

三年后，三人在公司经营理念上出现了较大分歧，王明想将旅游公司的经营重心转移到国外，而许磊和谢聪则认为主攻国内市场才是正途。于是许磊和谢聪联合起来，想要罢免王明的董事长职务，但是他们在行动时却遇到了无法逾越的"大山"——更改旅游公司董事长必须要先修改公司章程，而根据我国《公司法》规定，修改公司章程需要股东会三分之二以上表决权通过。许磊和谢聪两人份股权相加为66%，并没有超过三分之二，无法更改公司章程。

可见，不同的股权比例对应着不同的表决权，而表决权的高低则直接决定了股东对公司事务的参与程度和控制力大小。因此，创始人在设计公司股权架构时，要特别注意股权线背后隐藏的控制权。

那么，决定公司控制权的股权比例的数字是如何划分的呢？

一般来说，有三种情况，如图5-4所示。

```
66.67%：绝对控制线 → 51%：相对控制线 → 34%：重大事项否决权
```

图 5-4　决定公司控制权的股权比例

66.67%：公司绝对控制线

当创始人拥有公司的股权等于或超过 66.67% 时，在公司章程没有另行规定的前提下，便对公司大小事务都拥有最终决策权。简单地说就是，当创始人持股超过 66.67% 时，其对公司便拥有了绝对控制权。

针对有限责任公司，我国《公司法》第六十六条第三款规定，股东会作出修改公司章程、增加或者减少注册资本的决议，以及公司合并、分立、解散或者变更公司形式的决议，应当经代表三分之二以上表决权的股东通过。

针对股份有限公司，《公司法》第一百一十六条第三款也作了同样的规定，修改公司章程、增加或者减少注册资本、公司合并、公司分立、公司解散、变更公司形式时，必须经出席会议的股东所持表决权的三分之二以上通过。虽然"出席会议的股东所持表决权的三分之二以上"并不等同于全体股东所持表决权的三分之二以上，但在创始人掌握三分之二以上股权对应的表决权前提下，创始人便已经在事实上掌控了股东会，这时他可以根据自己的意志通过或否决任何股东会议案。

51%：相对控制线

当创始人在公司拥有的股权超过半数但小于 66.67% 时，便对公司拥有了相对控制权。之所以说"相对"，是因为在这种情况下，创始人虽然可以决定公司的一般性事务，比如公司经营利润的分配、公司董事的任免，等等，但在修订公司章程、增加或者减少注册资本、公司合并、公司分立、公司解散、变更公司形式时，却没有决定权。

针对有限责任公司，除了修订公司章程、增加或者减少注册资本等重大事项外，《公司法》第六十六条第二款规定，股东会作出决议，应当经代表过半数表决权的股东通过。也就是说，在有限责任公司内，掌握过半数股权的股东可以通过行使股权对应的表决权掌控股东会，继而通过或否决一般性的议案，确保自身意志的实现。

针对股份有限公司，《公司法》第一百一十六条第二款规定，股东大会作出决议，必须经过出席会议股东所持表决权过半数通过。也就是说，当创始人持有公司过半数股权时，便拥有掌控股东会一般性议案的能力。

34%：重大事项否决权

当创始人拥有的股权超过三分之一时，虽然失去了对公司重大事项和一般性事务的掌控权，但并不意味着对公司就失去了控制。假如我们换一个视角思考的话，创始人拥有的股权超过三分之一，意味着其他股东无法拥有超过三分之二以上的公司股权，也就无法左右修订公司章程、增减或减少公司注册资本等重大事项。

也就是说，当创始人持股等于34%小于等于50%时，便具备了在修订公司章程、增加注册资本、减少注册资本、公司合并、公司分立、公司解散以及变更公司形式七项重大事项上的一票否决权。

作为公司创始人，对股权比例的变化应该保持足够的敏感度，以便在持股比例触发相应红线时及时采取行动，以一致行动人协议、委托投票权等方式归集表决权，确保自己对公司始终拥有足够的掌控力。

第三节

10%+3%+1%，股东行权的数字游戏

股东在公司的持股比例还是行权的门槛——当股东持股超过某一比例时，其就会获得对应的权利，享受对应的福利；反之，达不到相应的比例，就不能获得权利，享受对应的福利。

某对外贸易公司有郭林、李静、孙芳三名股东，三人出资比例分别为15%、30%和55%。之后因为不可抗力导致外贸市场严重萎缩，公司经营管理发生严重困难，主要运营骨干基本被遣散。之后在长达一年的时间内，公司都无法对外正常开展经营活动。

该公司租赁的写字楼每月租金为5万元，停产一年的租金开支就达到了60万元，且仍在持续增加。郭林提出解散公司，但李静和孙芳认为公司今后还有起死回生的可能，不同意解散公司。

为了维护自身利益，郭林向法院提起了诉讼，要求法院裁定解散某对外贸易公司。在接受法院询问时，郭林明确表示，假如公司继续经营，自己无法继续履行股东相关义务，而李静和孙芳虽然坚持继续经营公司，但既不想收购郭林所持有的股权，也无法提供可以实际执行的经营计划。

最终，法院审理认为郭林持有某外贸公司15%的股权，提出解散某外贸公司的请求符合《中华人民共和国公司法》第二百三十一条之规定，某外贸公司经营管理确实发生严重困难,继续存续会使股东利益受到重大损失。最终，法院裁定某贸易公司依法解散。

可见，股东持股比例和能够享受到的相应权利有直接关系。下面我们就详细分析一下股东行权的数字比例，如图5-5所示。

第五章 股权比例设计，守住公司控制权

```
[10%：请求解散公司权] → [3%：股份有限公司查账权] → [1%：临时提案及股东代表诉讼权]
```

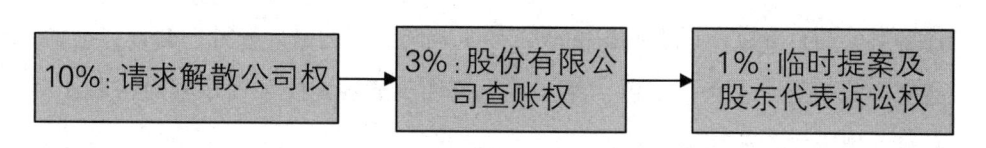

图 5-5 股东行权的数字比例

10%：请求解散公司权

虽然股东对公司的控制权会随着持股比例的降低而减弱，对股东（大）会相关决议失去控制力，但只要持有的股权超过10%，依然能够对公司"一剑封喉"，即请求解散公司权。

《公司法》第二百三十一条规定，公司经营管理发生严重困难，继续存续会使股东利益受到重大损失，通过其他途径不能解决的，持有公司百分之十以上表决权的股东，可以请求人民法院解散公司。可见，10%是一道门槛，超过了，股东便具备了在特定情况下请求法院解散公司的权利。

那么这个"特定情况"具体指哪种情况呢？作为公司的中小股东，在大股东发生矛盾或出现经营理念不一致，或者因为市场环境巨变而导致公司经营管理出现严重困难，公司继续存续会令中小股东利益遭受重大损失，且通过其他途径不能解决，比如股权转让、大股东回购股权，等等。这种情况下，在公司持股超过10%的股东便有权向法院请求解散公司。

另外，根据《公司法》第一百一十四条第三款规定，单独或者合计持有公司百分之十以上的股东请求召开临时股东会会议的，董事会、监事会应当在收到请求之日起十日内作出是否召开临时股东会会议的决定，并书面答复股东。

3%：股份有限公司查账权

股份有限公司的股东持股比例大于等于3%时，便拥有了查阅公司会计账簿、会计凭证的权利。通过行使这项权利，中小股东可以及时了解公司经营状况和资金流转情况，更好地维护自身利益。

《公司法》第一百一十条第二款规定，连续一百八十日以上单独或者合计持有公司百分之三以上股份的股东要求查阅公司的会计账簿、会计凭证的，适用本法第五十七条第二款、第三款、第四款的规定。公司章程对持股比例有较低规定的，从其规定。

之所以设定"持股3%"这一门槛，是兼顾股东知情权和信息保密的结果：一方面能确保股东的知情权，能够让股东及时了解公司的经营状况；另一方面则兼顾保密需求，会计账簿和会计凭证具有隐秘性，如果任凭查阅的话，将存在很大泄密的可能性。

1%：临时提案及股东代表诉讼权

在股份有限公司内，当股东持股超过1%低于3%时，虽然对公司一般事务和重大事项没有多大的影响力，但并不意味着什么权利也没有——股东可以向股东（大）会提出临时议案，也具有"股东代表诉讼"权利。

《公司法》第一百一十五条第二款规定，单独或者合计持有公司百分之一以上股份的股东，可以在股东会议召开十日前提出临时提案并书面提交董事会。临时提案应当有明确议题和具体决议事项。董事会应当在收到提案后二日内通知其他股东，并将该临时提案提交股东会审议；但临时提案违反法律、行政法规或者公司章程的规定，或者不属于股东会职权范围的除外。公司不得提高提出临时提案股东的持股比例。

可见，提出临时提案权是《公司法》赋予持股超过1%股东的特有权利，是对中小股东的一种保护。公司没有权利提高提出临时提案股东的持股比例，任何单方面设置的高出1%的临时提案持股比例都是非法的，无效的。

此外，根据《公司法》第一百八十九条第一款规定，董事、高级管理人员有前条规定的情形的，有限责任公司的股东、股份有限公司连续一百八十日以上单独或者合计持有公司百分之一以上股份的股东，可以书面请求监事会向人民法院提起诉讼；监事有前条规定的情形的，前述股东可以书面请求董事会向人民法院提起诉讼。

也就说，当董事、监事、高管或者其他人损害公司利益时，公司单独或者合计持有股份有限公司 1% 以上股份的股东或股东团体，可以代表公司向法院提起诉讼，追究这些人的法律责任，即"股东代表诉讼"权利。

由此可见，中小股东对公司并非一点影响力也没有。因为《公司法》赋予了中小股东请求解散公司、查账、提出临时议案和代表诉讼的权力，所以，中小股东要及时了解公司运营的情况，从而能更好地维护自身的利益。

第四节

知己知彼，记住制约公司行为的股权比例

在资本市场上，公司并不是想做什么就能做什么的，而是被各种法律法规所约束——不同的股权比例，需要履行不同的义务。因此，公司创始人需要了解制约公司行为的相应股权比例，才能做到知己知彼，从而做到在触发红线前及时出手，采用对自身最有利的措施。这些红线如图5-6所示。

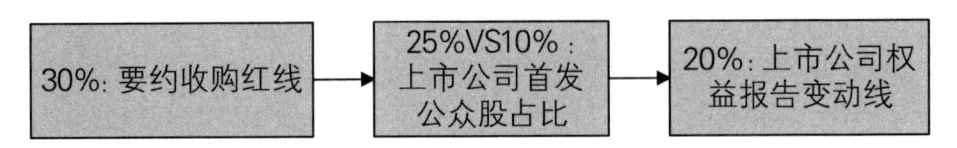

```
┌──────────────┐    ┌──────────────┐    ┌──────────────┐
│ 30%：要约收购红线│ ─→ │ 25%VS10%：   │ ─→ │ 20%：上市公司权│
│              │    │ 上市公司首发  │    │ 益报告变动线  │
│              │    │ 公众股占比    │    │              │
└──────────────┘    └──────────────┘    └──────────────┘
```

图5-6 制约公司行为的相应股权比例

30%：要约收购红线

根据《上市公司收购管理办法》第八十四条规定，外部投资者可以实际支配上市公司股份表决权超过30%的，就可以认定其拥有了上市公司控制权。

假设你在股市淘金，观察一段时间后认为上市公司甲比较有前途，于是便买入了一定数量的甲公司股票，你就成了它的小股东。不久后，有外部投资人开始大量购入甲公司股票，几个月后，其持有的甲公司股票就超过了30%，成了该公司的控股股东。

多了一位控股股东，这家上市公司的控制格局必然会发生变化，后续的经营也会面临诸多挑战。这个时候，你对该公司的信任度便会下降，毕竟你对这个新出现的控股股东不熟悉，没有任何信任基础，那就可以直接清仓了。

在股票市场上，和你想法类似的中小股东有很多，为了确保这类中小股东的利益，《上市公司收购管理办法》作了相关规定。第二十四条规定，通过证券交易所的证券交易，收购人持有一个上市公司的股份达到该公司已发行股份的30%时，继续增持股份的，应当采取要约方式进行，发出全面要约或者部分要约。

所谓要约收购，是指收购人通过向目标公司全体股东发出收购要约，以相同价格购买部分或全部在外发行的股票。

《上市公司收购管理办法》规定持有上市公司已发行股份30%的股东继续增持时必须采取要约收购方式进行，目的有二：一是对上市公司尽到提醒义务，避免其创始人或创始人团队失去控制权；二是确保中小股东利益，确保其持有的公司股份以较高价格卖出。

需要引起注意的是，30%的要约收购红线仅仅适用于特定条件下的上市公司股权收购，有限责任公司和未上市的股份有限公司并不存在这一红线。

25%VS10%：上市公司首发公众股占比

根据《深圳证券交易所股票上市规则》（2023年8月修订）规定，境内企业首次公开发行股票并在本所上市的，发行后股本总额不低于5000万元，且公开发行的股份达到股份总数的25%以上；公司股本总额超过4亿元的，公开发行股份的比例为10%以上。

《上海证券交易所科创板股票上市规则》（2023年8月修订）也作了类似规定，首次公开发行股票并在上海证券交易所科创板上市的，发行后总股本不低于人民币3000万元，公开发行的股份达到股份总数的25%以上；公司股本总额超过4亿元的，公开发行股份的比例为10%以上。

可见，不管是深圳证券交易所还是上海证券交易所，对上市公司首发公众股占比都做了明确的规定，即：小盘股25%，大盘股10%。

20%：上市公司权益报告变动线

我国《上市公司收购管理办法》第十七条规定，投资者及其一致行动人拥有权益的股份达到或者超过一个上市公司已发行股份的20%但未超过30%的，应当编制详式权益变动报告书，除须披露前条规定的信息外，还应当披露以下内容：

（一）投资者及其一致行动人的控股股东、实际控制人及其股权控制关系结构图；

（二）取得相关股份的价格、所需资金额，或者其他支付安排；

（三）投资者、一致行动人及其控股股东、实际控制人所从事的业务与上市公司的业务是否存在同业竞争或者潜在的同业竞争，是否存在持续关联交易；存在同业竞争或持续关联交易的，是否已做出相应的安排，确保投资者、一致行动人及其关联方与上市公司之间避免同业竞争以及保持上市公司的独立性；

（四）未来12个月内对上市公司资产、业务、人员、组织结构、公司章程等进行调整的后续计划；

（五）前24个月内投资者及其一致行动人与上市公司之间的重大交易；

（六）不存在本办法第六条规定的情形；

（七）能够按照本办法第五十条的规定提供相关文件。

可见，对上市公司股东而言，随着持股比例的变化，股东或上市公司需要履行的义务也会随之变化，并非想做什么就做什么，而是受到诸多的限制。

第五节

股权稀释，别让自己变成温水里的青蛙

在企业管理中，很多创始人喜欢学赵匡胤的杯酒释兵权。因为企业发展到一定阶段后，创始人便会发现，原有的创业伙伴不是功高震主，就是不能匹配企业新的发展要求。这个时候，有魄力的创始人通常会采取用股权置换重要岗位的方式，让出部分股权换取老员工退出重要岗位。

这就是股权稀释，股权分出去了，虽然换来了企业的轻装前行，也让曾经为企业做出巨大贡献的老员工获得较大的经济利益，但创始人在企业中的股权占比却下降了。

一般来说，有两种情况最有可能导致股权稀释。

1. 公司增发股份时

当公司增发股份时，会导致股东所持股权比例降低，这样股权会被动稀释。比如，张权和李亮两人出资 100 万元创办了一家科技公司，张权出资 60 万元，李亮出资 40 万元。在两个人的努力经营下，该科技公司发展势头非常好，一年后估值就达到了 400 万元。为了打造爆品，进一步提升市场占有率，公司引进了外部投资人，成功融资 100 万元。

这个时候，张权和李亮的股权就被稀释了：张权占股为 60% × 0.8 = 48%，李亮占股为 40% × 0.8 = 32%，外部投资人占股则为 20%。

2. 股权转让时

所谓股权转让，就是股东依法将自己持有的公司股份让给他人。这种情况也会导致股权稀释。股权转让既可以是公司的大股东单独转让，也可以是公司原有股东共同等比例转让。但是需要注意的是，为了确保公司的稳定，股东大量减持股权必须经过公司董事会或股东会同意。

股权稀释比较明显的后果主要有二，如表5-1所示。

表5-1 股权稀释后果表

后果	注释
股权价值缩水	创始人股权被稀释，持股比例降低，对应的表决权比例也会随之降低，必然会导致股权价值缩水，对公司掌控力度下降
企业财富转移	原股东持股比例下降，新股东出现，意味着公司财富在新老股东之间转移和再分配。如此，对内可以激励核心员工，对外则能为公司带来充足资金

股权稀释之于公司而言虽然有着正面意义，对公司内部能最大限度地激励核心员工，激发他们的创新精神和创业激情，对外能吸引外部投资，为公司带来发展急需的资金，但对创始人而言，股权稀释却犹如温水煮青蛙，如不重视的话最终可能失去对公司的控制权，如图5-7所示。

当创始人持有的公司股权被稀释到66%时，便失去了对公司的绝对控制。

当创始人持有的公司股权被稀释到50%时，就失去了对公司的相对控制。

当创始人持有的公司股权被稀释到33%时，就失去了对公司的一票否决权。

图5-7 股权被稀释对创始人的影响

那么，创始人如何反稀释确保不丢失对公司的控制权呢？通常，公司创始人可以采用四种方法反击股权稀释，如表5-2所示。

表 5-2 反稀释方法表

方法	注释
委托投票权	说服投资人将其股权对应的投票权委托给自己，确保自己在股东（大）会拥有能够左右决议的表决权。比如，在京东上市前，11家投资人便将表决权委托给了刘强东，令其在持股比例低于半数的情况下牢牢掌控京东
一致行动人协议	和公司其他股东签订一致行动人协议，约定在股东（大）会上采取一致行动。这种方法等于在股东（大）会之外另建了一个小股东会，大家在重大问题上抱团取暖
通过有限合伙企业持股	首先设立一家有限合伙企业，创始人担任普通合伙人，目标公司其他股东担任有限合伙人，然后再通过该有限合伙企业持股目标公司
一票否决权	创始人可以通过公司章程约定自己对修改公司章程、增减或减少注册资本、合并、融资、注销等重大事项具有一票否决权

第六节

股权比例设计，创始人避"坑"宝典

在股权架构设计中，如何确定股东持股比例是重点，也是难点，很容易踩坑。股东持股比例太高，很容易造成"一权独大"的局面，比例太低，则会导致股权太分散，这种情况会令公司失去主心骨，陷入决策效率低下的怪圈之中。

因此，在设计公司股权比例时，创始人要尽量避开"大坑"，为公司选择一套合体的"骨架"。那么，在设计公司股权时要避开哪些"大坑"呢？如图5-8所示。

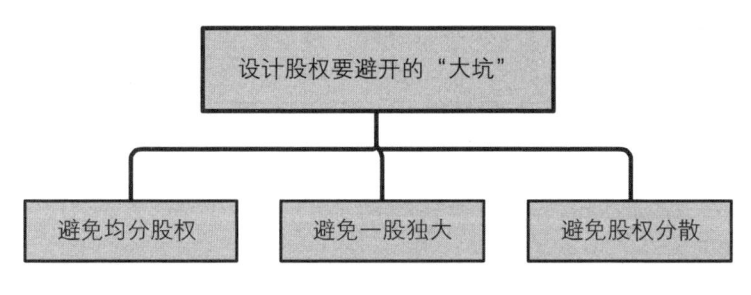

图 5-8 设计股权要避开的"大坑"

1. 避免均分股权

很多公司在成立初期喜欢均分股权，比如，两个股东各自持股50%，四个股东各自持股25%，等等。这样做的原因主要有两个方面：一方面是受"有福同享有难同当""义气"等观念影响，认为均分股权才更有利于公司股东的团结；另一方面认为，均分股权实施起来比较简单，构架成本非常低。

20世纪90年代，四个看好餐饮市场的年轻人在四川简阳开了一家小火锅店，开启了创业生涯。四个人的生意越做越好，店面越开越多，海底捞之名越来越响。

这四个年轻人最初平分股权，各自占股25%。后来四人结成了两对夫妻，分别是张勇夫妇和施永宏夫妇，再后来，张勇和施永宏的妻子各自离开了公司，张勇和施永宏各自掌控了海底捞50%的股权。

在经营过程中，张勇发现股权均分存在很大的弊端，海底捞要想提升发展上限，获得更大的市场份额，就必须有一个强有力的决策层，以便能够根据市场变化快速做出反应，制定最佳发展方案。于是，张勇以原始出资额的价格，从施永宏手中购买了公司18%的股权，凭借着68%的股权实现了对海底捞的绝对控制。

为什么海底捞在进入高速发展期后放弃了股权均分的架构呢？答案很简单，股权均分之于公司有四大弊端，如表5-3所示。

表5-3 股权均分四大弊端

弊端	注释
决策成本高	股权均分造成表决权均分，大家都是公司的主人，都想说了算，遇到事情吵吵嚷嚷，议而不决，导致公司决策效率低下
股东搭便车	既然大家分权占比相同，分红相同，为什么我要比别人花费更多的时间和精力呢？这样便会造成股东搭便车局面，没有人真正对公司负责
易激化矛盾	有些时候，均分会出现"除不尽"的情况，导致有些股东股权多一点，有些股东股权少一点。多一点，话语权就大一些，容易引发其他股东的抵制
滋生贪腐	股权均分模式下，监督对股东而言缺乏收益，却需要付出更多的成本。因此，大多数股东不愿意监督管理人员，继而为贪腐提供了土壤

2. 避免一股独大

所谓"一股独大"，是指公司内一个股东持股比例远远超过其他股东的持股比例，对公司大小事务形成绝对控制。比如，一家公司有三位股东，大股东持股90%，其他两名股东持股比例分别为6%和4%，这便是典型的一股独大。

一股独大的股权比例设计在公司发展初期比较常见，其最显著的优点便是可以大幅提升公司的决策效率。在公司，大股东能够一言九鼎，能够全力以赴，有利于紧跟市场风口变化，快速抓住机遇快速做大做强。

但过分的一股独大存在较大的弊端，会严重降低公司发展的"天花板"。具体而言，过分的一股独大有三大弊端，如表5-4所示。

表5-4 一股独大弊端

弊端	注释
抑制其他股东创新创业激情	大股东在公司拥有绝对话语权，任何事情都能一言而定。其他股东的创新创业激情被冷冻，股权整合资源的能力大大下降
公司发展依赖个人而非集体	一个公司长期由一个人说了算，容易导致决策质量下降，决策风险大增。一旦决策错误，很容易让公司陷入巨大困境中
发展空间有限	个人的能力和精力都是有限的，大股东决定一切的公司，未来发展空间势必会遇到瓶颈和天花板

3. 避免股权分散

股权分散是指公司的股权分散在很多股东手中，且每个股东的持股比例都不高。比如，一家公司有10个股东，大股东持股25%，二股东持股20%，三股东持股15%，四股东持股10%，剩余30%股份分散在其他股东手中。

在这种股权架构下，公司不存在绝对控股股东，所有权和经营权是完全分离的。因此，公司管理层受到的限制就会少很多，能够发挥出更高的创新性。另外，公司的决策由股东集体做出决策会更加民主，更具科学性，更匹配市场发展趋势。

但相对于优点，股权分散之于公司发展也存在很大弊端，如表 5-5 所示。

表 5-5　股权分散弊端

弊端	注释
决策效率低下	股权分散的公司需要集体做出决策，协调程序复杂，达成一致困难，导致公司整体决策效率低下，容易错失市场发展机遇
监督弱化	股权越分散，股东愿意付出的监督成本就越低，对公司管理层的监督就越弱，就越容易导致管理人员利用职位谋取私利
公司易失控	对公司创始人而言，股权分散在各个股东手中，并且每个股东的持股比例都比较低，很容易招致外部资本的觊觎，继而让自己失去公司的实控权

因此，公司创始人在设计股权比例时，要尽量避免股权均分、绝对的一股独大、股权分散等大坑。要根据具体的出资额、人力成本、贡献值等要素，结合投票权委托、一致行动人协议等方式，设计出最适合公司实情的股权比例。

第六章

实施股权激励,推动企业弯道超车

第一节

股权激励，为员工装上创新"永动机"

2022年4月22日，比亚迪发布公告，其从公开市场回购不低于600万股份，将之用于员工持股计划。比亚迪实施的这轮员工持股计划参与对象非常广泛，包括核心骨干员工、中高层管理人员，以及公司职工代表监事等。

令人惊讶的是，该轮员工持股计划将通过非交易过户等方式受让公司回购的股票，受让价格为每股0元。简单地说，比亚迪完全是在向员工"强塞"公司股票，参与持股计划的员工无须花一分钱。

作为全球新能源汽车的领头羊，比亚迪对待员工可谓超级"大方"，只要员工完成考核目标，就能白拿公司给的股份。比亚迪之所以如此大方，最根本目的在于留住人才，让企业获得持续发展的永恒创新能力。

电动化、智能化是汽车发展的未来趋势，汽车生产厂商想要在未来激烈的竞争中占有一席之地，必须要拥有足够并且持续的电动化、智能化创新力。而想要做到这点，人才是基础，也是关键。这也是比亚迪将技术、营销、运营、综合等岗位核心员工作为股权激励重点的原因所在——这些员工有没有创新性，执行力强不强，直接关系到公司战略能不能实现，关系到公司的整体业绩和可持续发展。

这种强力股权激励的效果是显而易见的，借助股权，比亚迪成功地将核心员工和企业打造成了一个命运共同体，将员工的角色由传统的打工仔变为企业的主人翁。身份的转变从根本上激发了核心员工的创新创业激情，继而推动比亚迪在新能源汽车竞争中胜出，成为世界级新能源汽车巨头。

第六章 实施股权激励，推动企业弯道超车

可见，对企业而言，相对于传统的涨工资、发年终奖等激励方式，股权激励的效果更佳，能够在完成身份转变的基础上对员工产生永久性激励。

那么，为众多企业津津乐道的股权激励到底是何方神圣呢？所谓股权激励，本质上是一种以公司股权或者股权的收益权作为奖励的激励方式，其激励对象通常为公司技术和业务骨干、中高层管理人员等。通过股权激励，员工不仅能够有效地参与到公司的决策中，还能和公司共享收益，共担风险。

相对于薪酬、年终奖等激励手段，股权激励的效果是长期性的，甚至是永久性的。因为通过授予员工股权，员工的身份由"打工仔"变为公司的合伙人，公司主人翁意识空前高涨。在这种背景下，员工和公司便能牢牢地绑定在一起。

在世界第一大经济体美国，股权激励早就大行其道，特别是排名前一千的大公司，诸如微软、沃尔玛等，绝大多数高管、技术骨干等都手握公司股权。这些手握公司股权的核心员工不仅积极参与公司决策，还能在公司陷入困境时共担风险。这种荣辱与共的共生共享关系，最大限度地激发了核心员工的创新创业激情，让公司得以在激烈的市场竞争中爆发出更加有力的竞争力。

为什么说，想要将公司做大，股权激励是必须的呢？相对其他激励手段，股权激励神奇在什么地方呢？只要我们明确了股权激励的意义，便能找到这些问题的答案，主要有四大意义，如图6-1所示。

图6-1 股权激励对企业的意义

1. 吸引人才，聚集人才

世界首富比尔·盖茨说过，一个公司要发展迅速，得力于聘用好的人才，尤其是需要聪明的人才。特别是在各行各业都超级"卷"的大背景下，人才

之于公司愈发重要，只有最大限度地吸引行业人才，聚集行业人才，才能获得强大的竞争力，才会在行业潮头占有一席之位。而想要吸引人才，留住人才，聚集人才，传统的薪酬和年终奖越来越显得力不从心。

一方面，股权激励可以给予核心员工更广阔的成长空间和更高的额外收益，把他们和公司的利益深度捆绑，留住他们并最大限度地激发他们的创新激情；另一方面，良好的股权激励制度还能为公司形象大大加分，令其成为人才市场上的"香饽饽"，吸引行业内优秀人才进入公司，为公司不断输送新鲜血液，令其始终保持足够的竞争力。

2. 确保公司长期战略变现

长期战略是公司在未来一段时间内的发展蓝图，想要将其变为现实，需要公司上下持续努力，特别是各类人才的付出。可见，公司长期战略能否顺利且快速实现，和公司人才队伍是否稳定、壮大有着直接关系。引入股权激励制度后，核心人才成了公司的股东，自身利益和公司利益紧密地捆绑在了一起，能够确保公司人才队伍的稳定，助力公司长期战略的顺利实现。

3. 提升团队竞争力

公司行不行，和内部各个团队战斗力高不高有直接关系，而通过股权激励将团队成员变为公司的"小老板"，可以从根本上激发团队成员的工作能动性，让他们在主动关心公司经营发展的同时，自觉抵制一切危害公司利益的行为。如此一来，整个团队的凝聚力和创新性必然大大提高，最终从整体上提升公司的竞争力。

4. 降低用工成本

对很多公司而言，人力成本往往在各项支出中占据大头，一些刚刚创建的中小公司的创始人经常会发出"请不起人"的感叹。在这种情况下，引入股权激励制度，用公司股份代替部分薪酬，能够在一定程度上降低核心员工的薪资成本。

可见，引入股权激励制度，对公司而言意义重大。股权激励的核心是吸引人才、留住人才、激活人才，继而将人才和公司在利益上深度绑定，凝结成一个战斗力满满的精英团队，在行业内打出一片属于自己的新天地。

第二节

灵活运用，合适的股权模式能吸引人才

红顶商人胡雪岩曾经是清朝的首富，他的成功除了有"贵人"一路相助之外，还和其善于用人有直接关系。特别是在他的生意发展初期，各项事务都需要得力人才打理的情况下，胡雪岩采用了"以利激人"的策略：一方面，雨露均沾，让没有资本的伙计在年底能够得到分红；另一方面，入股合伙，让手中有一定积蓄的伙计"入伙"，成为"自己人"。

为了最大限度地挖掘伙计们的"闯劲"，将刚刚起步的胡庆余堂做大做强，胡雪岩还特地设置了"功劳股"。所谓"功劳股"，顾名思义，是奖励给有巨大贡献伙计的股份，这种股份是终身制的，伙计们可以终身持有。

有一次，胡庆余堂对面的商户失火，眼看就要波及胡庆余堂门前的两块金字招牌。胡庆余堂的伙计孙永康立即用冷水将自己全身上下浇湿，奋不顾身地闯入火海，虽然头发、眉毛都被大火烧没了，但最终成功地将两块招牌从火海中抢了出来。

胡雪岩闻讯后，认为孙永康为胡庆余堂立下了大功劳，当着众人的面宣布给予其一份功劳股。

正是在创业初期引入了合伙制和功劳股，胡雪岩才能网罗到一批能力出众的伙计，才能最大限度地激活他们的主观能动性，为胡庆余堂的快速崛起储备了丰厚的人力资源。

当然，再好的制度也不可能适合所有的公司，不能覆盖公司发展的所有阶段。对公司创始人而言，要想股权激励效果最大化，需要根据公司类型和所处的发展阶段，灵活选择股权激励方式，如图6-2所示。

```
创立初期：干股分红、业绩股票、赠与股票
          ↓
成长时期：股票增值、业绩股票、股票期权
          ↓
成熟时期：根据是否上市灵活匹配股票
```

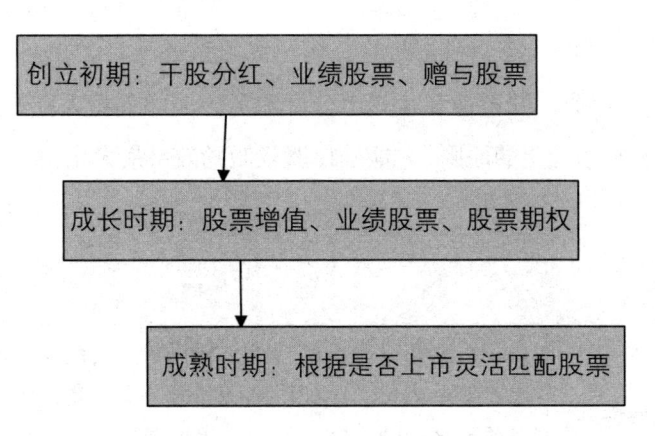

图 6-2　公司不同阶段的股权激励

1. 创立初期：干股分红、业绩股票、赠与股票

创立初期的公司，不管是实力还是人才储备都非常弱小。对处于这个时期的公司而言，股权激励的主要目标，就是最大限度地激发现有员工的能动性和创造性，吸引行业人才向公司聚集。

处于初创期的公司，在设计股权激励时，可以根据实际情况灵活选择三种股权激励方式，如表 6-1 所示。

表 6-1　初创期公司股权激励形式选择表

优先次序	激励方式	注释
第一选择	干股分红	采用干股分红的股权激励方式，操作起来非常简单，可大幅节省人力、物力和财力。另外，获得干股的员工只享有分红权，并不参与公司决策，也不影响创始人对公司的控制权
第二选择	限制性股票或业绩股票	相对于干股分红，限制性股票的行权需要满足一定的条件，对被激励员工而言不确定较大，因此激励效果不如干股分红，业绩股票同理
第三选择	赠与股票	承诺在未来某段时间赠与被激励员工一定数量的股份。因为充满不确定性，使得这种股权激励方式难以达到预期效果，只能充当初创企业的救急之法

需要注意的是，处于创业期的公司距离上市还早，激励员工的"股票"其实是一种虚拟股，并不能在市场上公开流通。公司创始人在选择股权激励方式时，需要掌握一定的原则，才能确保股权激励效果最大化，如表6-2所示。

表6-2　初创公司股权激励原则

原则	注释
根据行业属性匹配股权方案	每个行业都有自己的特点，根据特点匹配股权激励方案效果才能最大化。比如对高新科技公司而言，科技和专利是发展的"永动机"，需要采用股票期权长期绑定核心技术人才。而对于传统行业，诸如零售、快消、渠道则是核心，采用干股分红、业绩股票激励效果更佳
向核心员工倾斜	在公司中，核心员工数量虽然少但所做贡献却很大。初创公司资源相对匮乏，需要将有限的资源向核心员工倾斜，激励制约公司发展的关键是少数员工，而非坚持平均主义
简单有吸引力	处于初创期的公司，人力资源有限，对现有员工潜能的依赖性较大。在这种情况下，股权激励设计得越简单，直接，便越有吸引力，越能挖掘员工的创新创业潜力

2. 成长时期：股票增值、业绩股票、股票期权

初创期的公司相当于一株刚刚破土而出的幼苗，熬过了风吹雨打之后，便步入了茁壮成长期。

通常而言，处于成长期的公司，主要有三大特点，如表6-3所示。

特点	注释
经营走上正轨	在这一时期，公司通常拥有了自己的主打产品或服务，逐渐打开了市场，在行业内拥有了一定的品牌知名度。相对于初创期，成长期公司的整体经营风险呈现降低趋势
现金流逐渐解冻	相对于初创期，成长期的公司现金流逐渐丰厚，筹资和盈利能力大大提升，财务制度逐渐健全

续表

特点	注释
人才队伍流动性较大	虽然成长期公司业务增长较快,有了稳定的盈利能力,但内部各项管理制度依然比较简单粗放,人才队伍依然不太稳定

那么,针对成长期公司的这些特点,创始人需要为其匹配什么样的股权激励方式呢?通常,创始人可以结合公司实际情况,灵活选择三种激励方式,如表6-4所示。

表6-4 成长期公司股权激励方式

激励方式	激励对象	注释
干股分红、股票增值	公司创始团队、高级管理人员	为了避免创始团队在公司步入成长期后懈怠下来,可使用干股分红、股票增值、虚拟股票等激励方式确保其享有公司未来的发展成果,提升其认同感和期待感
业绩股票	核心员工	公司为核心员工制定合理的业绩指标,只要顺利完成业绩,即可实现双赢——核心员工获得股份和分红,公司获得丰厚的经营利润
股票期权、限制性股票	不可替代性人才	不可替代性人才掌握着公司的关键技术,对公司发展有着制约性作用,因此需要对其实施更有激励性的期权和限制性股票,将其和公司深度绑定在一起

3. 成熟时期:根据是否上市灵活匹配股票

假如公司发展顺利,经历成长期后在实力上便会有一个质的提升,最终步入到成熟时期。在这一时期,公司通常会展示出三个新特点,如表6-5所示。

表 6-5　成熟期公司新特点

特点	注释
经营风险降至最低	相对于初创期和成长期，处于成熟期的公司在经营上有了固定的客户和稳定的管理制度，面临的各种不确定大大减少，经营风险大大降低
财务更加稳健	由于该时期公司市场份额和盈利水平都比较稳定，因此现金流非常充足，资产结构也比较合理。为了避免因行业萎缩、新技术冲击等原因陷入困境，公司通常会采取更加稳健的投资策略，尝试多元化经营，进入新行业，开辟新市场
人才队伍相对稳定	随着成熟期公司管理制度和激励制度的持续完善，人才队伍逐渐稳定下来，大家各司其职，彼此构成一个稳定的组织体系

成熟期公司在做股权激励时，应当根据是否上市进行灵活匹配。

假如公司有具体的上市计划，那么可以用上市公司的股权作为激励，让被激励员工在符合解禁条件后在市场上获得较高溢价，顺利套现盈利。

假如公司没有上市计划，则可通过全员持股计划，将员工的身份从打工人变为"小老板"，继而从根本上点燃员工的创新创业的激情，令公司得以获得永恒的发展动力。

当然，公司也可以采用事业部制、店面制等方式，通过店长入股、员工成为公司事业合伙人，最大限度地强化核心员工的认同感，让他们能够分享公司发展成果，获得高额利益回报，更加积极主动地为公司做奉献。

总之，针对公司所处的不同发展阶段，有针对性地匹配股权激励方案，会获得更好的激励效果。当然，在股权激励时，创始人要优先使用虚拟股，要设定明确的考核标准，要向管理者和核心员工倾斜，且设有完善的退出机制。

第三节

用好"纸牌",在恰当的时机激励员工

公司在实施股权激励时,有哪些"纸牌"能起到激励作用呢?想要回答这个问题,创始人需要首先将自己可能用到的"纸牌"了解清楚——只有掌握了自己手中的筹码,才能在最恰当的时机打出最有效果的组合。如图6-3所示。

纸牌一:股票期权 → 纸牌二:限制性股票 → 纸牌三:虚拟股票

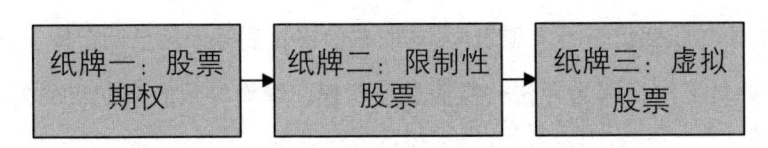

图 6-3 实施股权激励能起作用的"纸牌"

纸牌一:股票期权

所谓股票期权,是指公司按照程序授予被激励的员工,在未来某个时间段内按照约定价格购买公司一定数量股票的权利。

我们可以通过六个关键词全面了解股票期权,如表6-6所示。

表6-6 股票期权的六个关键词

关键词	注释
授予日	公司授予被激励的员工股票期权的具体日期
授予价	公司和员工约定的在未来某个时间购买股票的价格
归属条件	授予股票期权后,被激励的员工需要满足时间、业绩等条件才能行权
归属日	被激励的员工满足归属条件后可以行权的日期

续表

关键词	注释
行权日	被激励的员工按照和公司约定好的价格购买股票的具体日期
出售日	被激励的员工出售在行权日购买公司股票的具体日期

比如，某科技公司决定授予核心技术人员张某10 000股股票期权。根据公司和张某之间达成的协议，这些期权的授予价格为每股10元，张某必须在公司连续工作五年才能完全获得这些期权。张某在行权后半年内以每股25元的市场价将所持公司股票全部售出。

作为最常用的股权激励工具，股票期权可以对公司高管、核心员工等产生有效激励，能够帮助公司更好地吸收和留住行业优秀人才。但是需要注意的是，当市场股票价格不太理想，公司股票价格长期等于甚至低于授予价格时，被激励的员工便会因为无法获益而放弃行权，继而导致股票期权失去预期激励效果。

纸牌二：限制性股票

限制性股票是指受到某种限制的公司股票。通常情况下，为了激励核心员工，上市公司会将一定数量的公司股票低价出售给他们，但这些股票不能在市场上自由流通，只有被激励的员工满足了公司提出的条件后，股票才会"解冻"产生价值，完全归被激励的员工所有。

限制性股票的来源主要有二，如表6-7所示。

表6-7 公司限制性股票来源

来源	注释
二级市场回购	上市公司从二级市场回购股票，然后将股票无偿赠送或低价转让给被激励的核心员工
公司定向发行	上市公司以一定价格向被激励员工定向发行股票

第六章 实施股权激励，推动企业弯道超车

限制性股票的优势比较明显，我们可以从被激励的员工和公司两个方面来具体了解。

对被激励的员工而言，限制性股票并不存在等待期，只需要满足公司提出的条件便可立即获得对应的股票。更重要的是，被激励的员工持股成为公司股东后，会享有法定的表决权，还能在一定程度上参与公司的经营决策。

简单地说，限制性股票给予被激励的员工的不仅仅是金钱上的收益，还有参与公司经营决策后职业发展上的巨大空间。

对公司而言，限制性股票激励可以成为一种高效的融资工具，为公司更快发展募集急需的资金。另外，假如公司章程中没有特别约定，有限责任公司的股东对外转让股权必须得到其他股东半数以上的同意，且其他股东具有优先购买权。也就是说，限制性股票激励并不削弱创始人对公司的控制力。

当公司进入成熟期后，股票价格变动幅度不大，或者因为市场整体不景气导致股价上涨空间有限时，创始人便可以考虑采用限制性股票对核心员工进行激励，通过设定相应的限制性条款进一步激活员工的创新力，通过内部挖潜的方式进一步提升公司发展的上限。

纸牌三：虚拟股票

虚拟股票并非实股，本质上是将股票的分红权、溢价权同控制权和所有权进行分离。也就是说，公司采用虚拟股票作为股权激励工具时，被激励员工并不直接持有公司股权，但却拥有"股票"对应的分红权和增值权。

另外，虚拟股票通常没有表决权，也不能随便转让或出售。而且，一旦被激励员工离职，其所持有的公司虚拟股票将自动失效。

虚拟股票的优点如表6-8所示。

表6-8 虚拟股票优点一览表

优点	注释
易于操作	被激励的员工和公司只需要签订《虚拟股权协议》即可，并不需要办理工商手续，实施程序非常简单

续表

优点	注释
降低激励成本	虚拟股有效地解决了股份来源问题，大大降低了公司实施股权激励计划的成本
不稀释创始人股权	被激励的员工通过虚拟股权仅仅获得了相应的分红权和增值权，并没有相应的表决权，并不会削弱创始人对公司的控制
激励效果显著	通过虚拟股权，被激励员工的长期收益同公司的效益直接挂钩，和公司共享收益，共担风险，工作积极性必然会大大提升

但是需要注意的是，虽然虚拟股票操作相对简单，成本也较低，但被激励的员工分红意愿往往非常强烈，公司往往会在现金流上承受较大的压力。

除了上述三种股权激励方式外，创始人还可以根据公司实际情况，采用股票增值权、业绩股票等方式为员工"加油"。总之，公司在做股权激励时，什么方式操作简便，什么方式对员工的激励效果最佳，便打什么牌，唱什么戏。目的就是一个，通过股权激励让员工与公司的利益紧密结合，增强员工对公司的忠诚度和归属感，最大限度地激发员工潜能推动公司发展的同时，也让员工实现自我价值。

第四节

"三定神功",掌握股权激励行动方针

创始人在做股权激励时,应该事先明确行动方针,做到知其然知其所以然。如此,制作出来的股权激励方案才会更贴合公司实际,才能达到预期的激励效果。

那么,股权激励的行动方针是什么呢?答案便是"三定",如图6-4所示。

```
┌─────┐  ┌─────┐  ┌─────┐
│定目标│  │定对象│  │定数量│
└──┬──┘  └──┬──┘  └──┬──┘
   └────────┼────────┘
            │
   ┌────────┴────────┐
   │ 股权激励的"三定神功" │
   └─────────────────┘
```

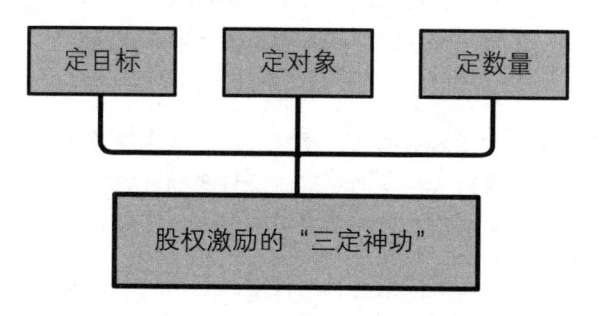

图6-4 股权激励的"三定神功"

1. 定目标

不管做什么事情,有了明确的目标,才能确保之后所有行动都能有的放矢,成功的可能性才会最大化。反之,没有明确的目标,想到什么就做什么,即使投入了大量的人力、物力和财力,也会因为行动上缺乏连贯性和指向性导致产出微乎其微。

因此,创始人在做股权激励前,首先要定好目标,静下心来问一问自己:想要通过股权激励实现什么期望?

通常情况下,创始人实行股权激励计划的目标如下表6-9所示。

表 6-9　股权激励目标一览表

目标	注释
为现有核心员工带上"金脚链"	高管和核心人才是公司发展壮大的发动机，公司价值主要依赖这些人来创造。通过股权激励，将现有核心员工同公司利益深度绑定，在激活创新意识的同时，强化员工对公司的认同感和归属感
给未来人才带上"金项链"	不管是从外部吸引优秀的行业人才，还是从公司内部挖掘潜力巨大的"苗子"，丰厚的股权都是最有效的激励，除了能够让未来人才获得巨大的经济利益，还给予他们更加美好的职业未来
给老员工设置"金降落伞"	随着公司的发展，之前做出巨大贡献的老员工因为年龄或能力方面的原因会逐渐落伍，这个时候，创始人可以将股权打造成"降落伞"，通过给予股权的方式换取他们心甘情愿地让贤，从管理岗位上退下来
提升公司财务的抗压力	对公司而言，时刻保持充足的现金流是非常重要的。但公司发展需要钱，稳定员工团队也需要钱，公司财务往往面临较大的压力。实施股权激励计划，可以用股权替代一部分现金，继而提升公司财务的抗压力
高效整合资源	将公司股票有针对性地分配给上下游客户、产业链合作方、核心供应商等进行高效的资源整合，最终打造出一个共进共退的利益共同体

可见，确定股权激励的目的，本质上是寻找公司发展过程中面临的主要症状。找到了症状，之后的行动才能对症下药，确保股权激励效果最大化。

2. 定对象

做股权激励计划，主要激励谁？这个"谁"便是对象，找到他们，明确他们的特点和喜好，制定出来的股权激励方案才更有针对性，才能更好更持久地产生激励效果。

通常，公司股权激励计划的对象是在公司发展战略中具有重要作用的核心人才。他们或拥有丰富的管理经验，或掌握精湛的行业前沿技术，或拥有关乎公司发展的关键资源。可以说，核心人才是公司发展战略的践行者，是公司发展蓝图的描绘者，他们强，公司便强，他们弱，公司便弱。

那么，如何确定哪些员工是核心人才呢？这就需要创始人明确核心人才评价标准。通常，公司创始人可以从三个角度评价员工是否属于核心人才，如表6-10所示。

表6-10 核心人才评价要素一览表

评价要素	注释	分值占比
岗位价值	岗位价值是评估核心人才的最重要要素，是指员工所在岗位的重要程度以及其在该岗位上所做的价值大小	50%
素质能力	员工的素质能力高低代表着其在未来一段时间内能够为公司作出贡献的大小：素质能力越强，未来能够为公司做出的贡献越大；素质能力越低，未来能够为公司做出的贡献就越小	30%
历史贡献	强化历史贡献能够挖掘老员工的潜能，另外，也可以为新员工树立一个榜样，彰显公司的价值文化	20%

公司创始人可以根据公司实际情况和行业标准，拟定一个恰当的分数，高于该分数的员工便可以视为核心人才，进入股权激励计划，成为激励对象。

3. 定数量

确定了目标和对象后，想要做好股权激励，公司创始人还需要定好数量，即确定激励的总量和个量。股权激励总量直接影响到激励的总成本，而个量则关系到激励的力度和效果。

公司创始人在确定股权激励总量时，需要综合考虑四个方面的因素，如表6-11所示。

表6-11 影响股权激励总量因素表

影响因素	注释
法规	《上市公司股权激励管理法》规定，上市公司可以同时实行多期股权激励计划，但全部在有效期内的股权激励计划所涉及的标的股票总数，累计不得超过公司总股本的10%
薪酬	股权激励总量的设定需要考虑公司整体的薪酬水平，假如公司整体薪酬比行业平均水平高，那么激励总量可以适当低一些；假如公司整体薪酬比行业水平低，那么激励总量可以适当地设置得高一些
业绩	假如公司设定的业绩目标较大，员工实施起来需要付出更多的时间和精力，那么股权激励总量可以大一些；反之，假如公司设定的业绩目标较低，较容易实现，那么股权激励的总量可以适度设置得小一些
规模	假如公司规模较大，发展相对成熟，那么股权激励总量可以小一些；假如公司规模较小，正处于发展的关键阶段，则股权激励总量可以适度地大一些

确定了股权激励的总量，公司创始人还需要确定个量。在确定个量时，公司创始人也需要考虑相关因素，如表6-12所示。

表6-12 股权激励个量确定要素

要素	注释
法律法规	《上市公司股权激励管理法》第十四条规定，非经股东大会特别决议批准，任何一名激励对象通过全部有效的股权激励计划获得的本公司股票不能超过总股本的1%
激励性	个量要向核心员工倾斜，要尽可能地强化他们的获得感和认同感
公平性	在向核心员工倾斜的同时，也需要覆盖其他岗位员工，体现公平性
贡献值	要根据贡献值匹配个量，体现"多劳多得"原则，放大激励效果

定好了目标、对象和数量，公司创始人才能未雨绸缪，制定出针对性十足的股权激励方案，确保用股权将公司上下打造成一个利益共同体。

第五节

有效复盘，评估股权激励的四个标准

股权激励计划的实施，需要公司投入大量的人力、物力和财力成本，关系到公司在未来一段时间内能够获得更大的发展动能。因此，公司创始人如何重视股权激励都不为过。为了确保股权激励计划能够如期实施，公司创始人需要时常"回头看看"，对激励效果进行准确评估，并根据评估结果及时调整激励计划。

那么公司创始人如何评价股权激励的效果呢？通常，公司创始人可以通过四个标准准确地掌握股权激励的效果，如图6-5所示。

```
┌─────────────────────────────┐
│ 公司净资产收益率和总资产收益率 │
└──────────────┬──────────────┘
               ↓
       ┌───────────────┐
       │   市场占有率   │
       └───────┬───────┘
               ↓
       ┌───────────────┐
       │  行业人才吸引力 │
       └───────┬───────┘
               ↓
       ┌───────────────┐
       │ 创新能动性变强 │
       └───────────────┘
```

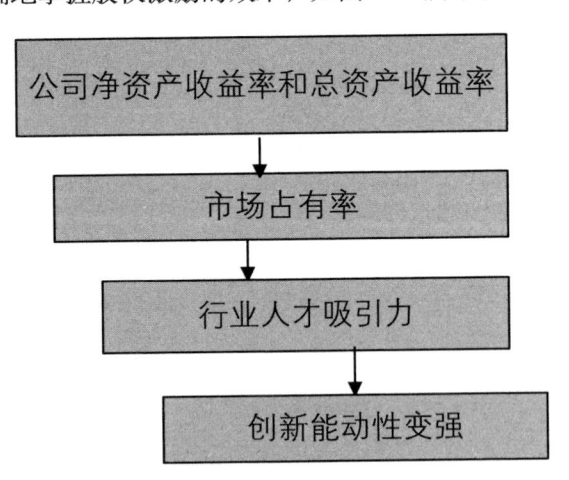

图6-5 评估股权激励的四个标准

1. 公司净资产收益率和总资产收益率

通常，一家公司的能力可以细分为四种，即盈利能力、偿债能力、营运能力和成长能力。而净资产收益率和总资产收益率便是评价公司盈利能力的两个最主要指标：净资产收益率是公司净利润和平均股东权益的比值，是公司税后利润除以净资产的百分比，主要反映的是公司股东权益的收益水平；总资产收益率则是公司净利润和平均总资产的比值，反映的是公司的竞争力和未来发展能力。

我们知道，股权激励的一个主要目标就是使用股票将核心员工的利益和公司的发展利益深度绑定在一起，继而最大限度地挖掘出员工的创新创业潜力，赋予公司更强劲的行业竞争力。因此，股权激励起效的话，公司的竞争力必然增强，盈利能力也会随之提升。

所以，通过观察公司的净资产收益率和总资产收益率，便可准确地评估出股权激励的效果：当公司净资产收益率和总资产收益率都有一定程度的提升时，意味着股权激励起到了良好的效果；反之，当公司净资产收益率和总资产收益率没有提升甚至出现一定程度下降时，则意味着股权激励没有达到预设效果，甚至走错了方向，需要创始人找到问题并进行有针对性的调整。

2. 市场占有率

产品市场占有率能够直接反映出公司对行业市场的控制力度和竞争力，也在一定程度上代表着公司员工在工作中的创新水平。通常，产品市场占有率提升，意味着公司员工在产品研发、设计、营销等方面展现出了更加强大的创新性，意味着股权激励产生了相应的效果；反之，当产品市场占有率没有上升甚至下降时，意味着公司员工的创新性没有被激发出来，股权激励没有达到预期效果。

3. 行业人才吸引力

当公司股权激励取得预期效果时，内部员工结构会出现相应的变化。一方面，股权将现有员工和公司利益彻底绑定在一起，会进一步挖掘员工的潜能，令一些人脱颖而出；另一方面，股权带来的丰厚回报会对外部行业优秀人才产生非常大的吸引力，让这些人加入公司。

也就是说，当公司离职率降低，人才队伍不断壮大时，便意味着之前实行的股权激励计划达到了预期效果，对公司发展产生了积极作用。

4. 创新能动性变强

成功的股权激励计划能够将员工利益和公司发展利益深度绑定，令员工共享公司发展成果。在这种状态下，员工对公司的认同感更高，在工作中会表现出更加强烈的能动性和创新意识。

也就是说，当员工创新意识变得越来越强烈，在产品、服务、技术等方面不断出现新突破时，股权激励便达到了预期目标。反之，员工的创新意愿不强烈，工作不积极，意味着股权激励没有达到预期效果。

需要注意的是，股权激励是一个长期的过程，效果不会立竿见影。公司创始人在评估时，需要选对时间节点，比如，在股权激励计划实施半年或者一年后，才能更精准地掌握股权激励的真实情况。股权激励的效果是长期的，既可能表现在员工的精神面貌上，诸如工作充满干劲，主人翁意识爆棚，产品市场占有率快速提升，等等；也可能表现在精神层面上，诸如员工对公司产生了更深的归属感、身份感和荣誉感。

公司创始人在得到准确的评估结果后，要根据结果对股权激励进行有针对性的调整。假如股权激励计划措施得当，达到了预期的效果，则可考虑进行第二期、第三期激励计划；假如股权激励计划没有达到预期效果，则需要立即行动起来，找到具体原因，快速调整方案，确保后续激励措施能够取得良好效果。

第六节

能进能退，用好股权避免员工内卷躺赢

退出机制的建立对股权激励有着非常重要的作用。一方面，明确的退出机制对被激励员工是警钟，会时刻提醒他们不能懈怠，不能犯错误；另一方面，在被激励的员工达不到激励标准时，能够将其顺利清除出"激励圈子"，避免其躺赢，腐蚀其他员工。

最重要的是，退出机制能够为公司持续不断地回收资源，及时为股权激励制度补充"弹药"。如此一来，股权激励计划就会进入一个良性循环之中，为公司提供长期的竞争力。

公司在做股权激励时，为什么一定要事先建立起明确的退出机制呢？原因如表6-13所示。

6-13 股权激励必要性

必要性	注释
股权必须置换到预期收益	公司做股权激励，最主要的目标是激活员工的创新创业能动性，最大限度地挖掘员工潜能。当公司给予员工股权却无法换来预期的业绩时，就需要通过退出机制收回激励标的
股权属于稀缺资源	对公司而言，股权是战略性资源，非常稀缺。为了确保股权激励计划覆盖到新员工，需要通过退出机制从不符合激励标准的老员工手中回收股权

可见，对公司而言，不管是从股权激励的效果还是股权来源上考虑，都需要建立相应的退出机制。

那么，员工符合标准进入公司股权激励计划后，在什么情况下会触发退出机制呢？通常，被激励员工触发退出机制的原因可以分为无责和有责两种，如图6-6所示。

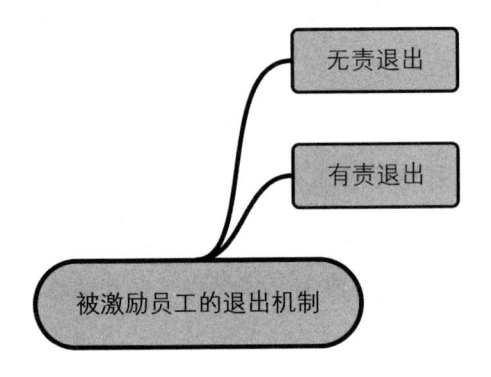

图6-6　被激励员工的退出机制

1. 无责退出

顾名思义，退出的责任不在被激励员工，并非因为其违反了相关法律法规、公司章程，或者工作中出现了重大过错。

具体而言，无责退出主要包括四种情形，如表6-14所示。

表6-14　无责退出主要情形一览表

情形	注释
未实现业绩目标	被激励的员工在激励计划期限内没能实现承诺的业绩目标，绩效考核不合格，导致股票未能如期解锁，公司可以按照出资价格回购
身份改变	被激励的员工成为独立董事或法律法规规定的其他不能持有公司股份的人员，未行权或未解锁的股份不再行权解锁

续表

情形	注释
丧失工作能力	被激励的员工因意外丧失工作能力或死亡的，经过公司董事会批准，可取消其激励资格，没有行权的激励股份不再解锁行权
离婚	如被激励的员工离婚，则其持有的公司激励股权不可作为共同财产分配给配偶。如被激励的员工无法出资补偿配偶导致公司激励股权被分割，则公司可以按照出资价格回购应属配偶部分的激励股权

2. 有责退出

除了无责退出，当被激励的员工因为违反法律法规、公司章程或者因为自身过失造成重大损失的，也需要退出公司股权激励计划。

具体而言，有责退出主要包括以下几种情形，如表6-15所示。

表6-15 有责退出情形一览表

情形	注释
违法或违规	被激励的员工违反法律法规或者公司规章制度，被追究刑事责任，或者受到警告处分等
损害公司利益	被激励的员工因违反竞争禁止协议或者保密协议给公司造成了非常大的损失
离职	被激励的员工在股权激励锁定期内离职
擅自处置股权	被激励的员工没有经过公司同意擅自处置激励股权或期权

需要注意的是，为了避免不必要的麻烦，有责退出往往需要速战速决，由公司大股东或公司强制回购。

退出机制想要达到预设作用，需要明确退出方式，一方面可以起到一定的震慑效果，一方面则可明确流程，做到名正言顺，避免事后产生诸多不必要的麻烦。

通常，股权退出有三种方式，如表6-16所示。

表 6-16 股权退出的三种方式

退出方式	注释
直退	以期权或代持股方式对员工进行激励的公司，一旦员工出现过错触发退出机制后，公司可以直接回收其持有的股权，或解除和员工签订的代持股协议
回购	一旦员工触发退出机制，公司或公司创始人可以通过向员工支付一定数额钱款的方式将其所持激励股权购回。但是需要注意的是，回购方式会在一定程度上增加公司或创始人的财务压力
转让	处罚退出机制的员工可以将所持激励股权转让给第三人，但这个第三人必须是公司指定的，且能够接受原先的各项条款

建立完善的退出机制，让持有公司股权但已经不再适合公司发展的员工能够自愿有序地离开，这是公司创始人在实施股权激励计划前必须考虑的事情。只有建立起简单高效的退出机制，才能确保股权激励计划没有后顾之忧，能上能下，才会最大限度地扩大股权激励的覆盖面，提升其激励性。

第七章

做好股权融资，实现快速扩张

第一节

巧妙融资，借势借钱借资源

2022年10月，广汽埃安顺利完成了A轮融资。通过这轮融资，广汽埃安成功地引入了53家外部股东，募集到了高达182.9亿元的发展资金。

通过股权融资，广汽埃安除了获得数额惊人的发展资金外，还打造了最强产业朋友圈，强化了产业协同能力。

在遴选股东的时候，广汽埃安将外部的投资机构划分为三大类：

第一类是在资本市场上具有较大影响力的投资机构，这类机构的成功入驻，有利于提升广汽埃安在资本市场上的知名度，为今后再次融资奠定了良好的品牌基础。

第二类是政策性的引导基金，引入后能够让广汽埃安在产业上形成更加强大的资本整合能力。

第三类则属于产业资本，这些机构专注于充放电、电池电机、原材料等电动汽车相关的核心技术，属于广汽埃安的上下游企业。

如此一来，通过股权融资，广汽埃安用别人的钱孵化自己的蛋。在这个过程中，不仅获得了充足的产品研发、运营资金，还完美地整合了上下游资源，打造了属于自己的产业链"朋友圈"。

可见，对一家公司而言，想要做大做强，股权融资是重要工具。那么具体而言，股权融资到底能够为一家公司带来什么呢？如图7-1所示。

第七章 做好股权融资，实现快速扩张

充足的资金 → 品牌背书 → 拓宽市场视野 → 储备更多战略资源

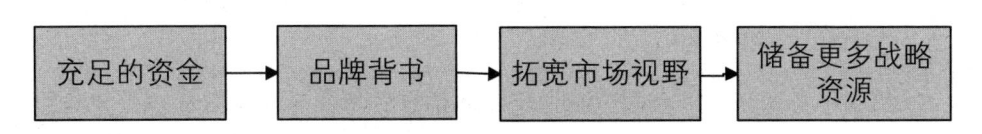

图 7-1　股权融资带给公司的好处

1. 充足的资金

很多公司在发展过程中，面临的一个最主要障碍便是"没钱"，不管是新产品研发，还是市场营销，都需要持续投入成本。但公司的现金流却有限，想要面面俱到，根本就不可能。

因此，公司想要做大做强，就必须解决钱的问题。但通过银行贷款解决钱的问题对很多公司而言非常难，一方面需要的材料繁多，过程烦琐，不管时间成本还是人力成本都非常高；另一方面，银行贷款的不确定非常强，过程中充满了不确定性。

而股权融资则要简单得多，只要公司有过硬的产品和技术，表现出了较大的成长潜力，变现后会得到外部资本的青睐，获得发展急需的资金。公司一旦和外部投资机构达成融资协议，融资过程会变得非常简单，资金也会很快到位。

2. 品牌背书

对很多中小企业而言，由于成立时间较短、市场开发不足等原因导致自身品牌市场力低下，在用户群体中缺乏号召力和信用力。在这种情况下，中小企业想要凭借自身努力做出改变，提升品牌在用户群体中的影响力，将是一个长期且艰巨的任务。

而通过股权融资引入行业内或关联行业的头部机构，利用对方含金量十足的品牌进行背书，便能借船出海，在短时间内提升公司自有品牌在用户群体中的信任度和含金量。

3. 拓宽市场视野

对中小公司而言，受制于行业经验和信息获得速度，对市场变化的感知往往较为滞后，导致灵活性不足，风口感知能力滞后。另外，中小公司在产业运作上也存在经验不足等问题，很容易导致"偏科"，打造不出适合自己的产业"朋友圈"。

在这种情况下，通过股权融资引进行业内或关联行业的实力企业，借助他们丰富的市场经验、开阔的市场视野，以及健全的上下游产业链条，可以快速弥补自身缺陷，提升市场灵活性和占有率。

4. 储备更多战略资源

一家公司想要做大做强，除了资金外，还需要其他战略资源，如表7-1所示。

表7-1 公司发展所需战略资源一览表

战略资源	详解
人才	对公司而言，人才兴盛则公司强大，人才凋零则公司平庸。通过股权融资，公司可以从投资方获得急需的人才资源，得以在短时间内在核心领域做出突破
信息	移动互联时代，信息已经成为第一生产力。通过股权融资，公司可以获得具备信息优势机构的鼎力支持，从而在行业竞争中获得先机
渠道	一个新渠道的获得，往往会帮助公司打开一个新市场，抬高发展的上限。通过股权融资，引入掌握新渠道的投资机构，可以帮助公司开拓新渠道，增加新动能
金融	通过引进金融领域的外部投资者，构建更加完善的金融网络，为未来再次融资奠定良好基础
文化	通过引进文化资源丰富的外部投资者，提升公司的文化影响力

可见，通过有针对性地引入掌握相关资源的外部投资机构，公司可以快

速补齐战略资源上的短板，获得更加强大的发展动力。

总之，对有志于做大做强公司的创始人而言，股权融资是一门必须掌握的功课。通过股权融资，公司可以快速获得发展急需的资金、人才、市场渠道、产业链等支持，继而获得更加广阔的市场发展空间。

第二节

募资途径，转让+质押+私募+增资

在晚清洋务运动的大潮中，我国近代实业家和教育家张謇绝对算一朵最有代表性的"浪花"，他被张之洞委任"总理通海一带商务"后，在南通创办了大生纱厂，开启了传奇的经商之旅。

张謇在大生纱厂开业前拟定了详细的章程，对员工个人职责、奖惩措施、利润分配方式等都做了非常具体的规定——完善的公司章程为大生纱厂日后快速发展打下了良好的制度基础。

大生一厂建立一年后便开始盈利，坚定了张謇创办实业的信心。在这种背景下，二厂筹建提上了日程，但其所面临的最大难题是缺乏资金。为了募集二厂的建设和启动资金，张謇创新性地引入了股权融资——通过抵押或转让大生二厂的股权，在短时间内便募集到了80万两白银。

此后，张謇创立了大生纺织股份有限公司，并取得了"百里之内二十年不准别家设立纺厂"的专营权。至此，张謇创立了一个闻名全国乃至世界的纺织帝国，1920-1921年间，大生股票行情成了上海报纸每日必登的重要新闻。

可见，股权融资一直都是商人创业的重要工具。现代商业活动中，股权融资的重要性进一步上升，已经成为中小企业发展壮大的必经之门。

那么在股权融资时，公司创始人可以选择哪些融资方式呢？

一般情况下，主要有以下方式，如图7-2所示。

第七章 做好股权融资，实现快速扩张

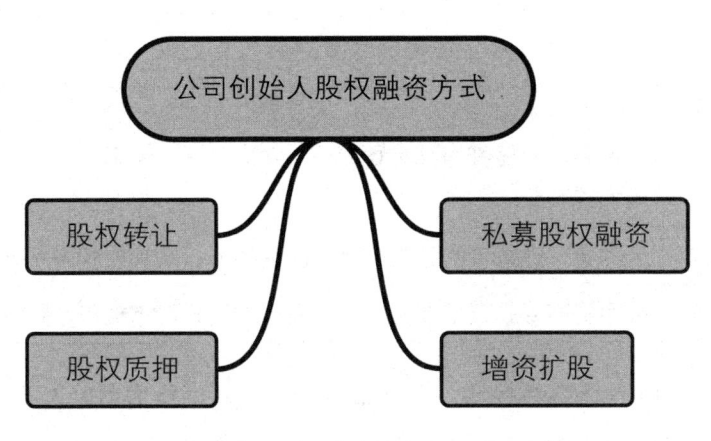

图 7-2 公司创始人股权融资方式

- 公司创始人股权融资方式
  - 股权转让
  - 私募股权融资
  - 股权质押
  - 增资扩股

1. 股权转让

所谓股权转让，可以简单地将其理解为交易，即公司或公司大股东将部分股权转让给别人，获得现金。

比如，一家外贸公司有三位创始股东甲、乙、丙，三人最初分别出资500万元、300万元和200万元，各自持股50%、30%和20%。之后，公司制定了多元化经营战略，急需大量现金。甲、乙、丙三人商定后，决定每个人拿出5%的股权，转让给有意入股公司的丁，换取现金来推动公司多元化经营战略。

丁支付现金并分别和甲、乙、丙三人签订股权转让协议后，正式成为该外贸公司的股东。而外贸公司也顺利地通过股权转让完成了融资，获得了业务发展急需的现金。

2. 股权质押

质押是指债务人将自己持有的动产或权利移交给债权人占有，将该动产或权利作为债权担保的法律行为。当债务人没有按照约定偿债时，债权人有权以其占有的动产或权利受偿。

了解了什么是质押，股权质押就非常好理解了，就是公司或创始人以自身股权作为质物，从债权人手中借得现金的行为。

在具体实践中，公司通常可以将股权质押给三类主体，如表7-2所示。

表7-2　公司股权质押的三类主体

质押主体	注释
自然人	公司将股权质押给拥有雄厚资金的自然人，从其手中获得发展急需的现金
商业银行	公司将一定数量的股票抵押给商业银行，从其处获得所需资金
信托公司	公司将部分股权质押给信托公司、创投公司等机构，获得现金

比如，为了扩大经营规模，公司需要对外融资，作为创始人的你将自己持有的公司70%的股权作为质品，抵押给了某金融机构，从其处融资500万元。一旦你没有按照协议中的约定日期按时还款，作为债权人的某金融机构就有权对70%的公司股权进行处置，转让或者拍卖。

3.私募股权融资

私募股权融资就是公司引入私募股权投资机构，在这个过程中，私募股权投资机构获得了公司一部分股权，而公司则获得急需的发展资金。

私募股权融资主要有两种实现形式，如表7-3所示。

表7-3　私募股权融资实现形式

实现形式	注释
股权转让	公司融资时，原有股东向引入的外部投资机构转让其持有的全部或部分高溢价股权。在这个过程中，既满足了原有股东的变现需求，又帮助公司引入了外部投资者，获得发展所需的资金、人才、渠道等资源
增资扩股	向引入的外部投资机构增发新股，融资所得资金全部进入公司，用于公司产品研发、市场开拓等，支持长远发展战略

比如，一家发展潜力非常高的高科技公司，因为市场扩张急需资金。于是这家高科技公司便和某私募股权投资机构接触，而这家私募股权投资机构也看好该公司的发展前景。最终，双方一拍即合，某私募股权投资机构投资

1200万元购入这家高科技公司25%的股权,并在融资协议中约定在该公司上市半年后抛售其持有的全部公司股票。

可见,私募股权投资机构投资公司的根本目的就是在于赚钱,即先将公司做出价值,再抛售持有的股票。因此,想要通过私募股权投资机构融资,公司首先要展示出较大的发展潜力。

4. 增资扩股

在股权融资时,公司创始人还可以通过增加注册资本的方式来获得更多的资金,即所谓的"增资扩股"。

常见的增资扩股主要有两种形式,如表7-4所示。

表7-4 常见增资扩股方式一览表

方式	注释	举例
邀请出资	向特定股东发出出资邀请,通常会改变原有的出资比例	某公司出资总额为2000万元,甲、乙、丙三人分别出资1000万元、600万元和400万元,分别占股50%、30%和20%。后该公司增资1000万元,甲认缴200万元,乙认缴600万元,丙认缴200万元,认缴后,甲、乙二人各占股40%,丙占股20%
增加出资额	公司股东按照原有的出资比例增加出资额,适用于股东内部增资	某高科技公司原有出资总额为2000万元,甲、乙、丙分别出资1000万元、600万元和400万元,各占股50%、30%和20%。由于业务发展,该公司需增资1000万元,按照原持股比例,甲需要认缴500万元,乙需要认缴300万元,丙需要认缴200万元。在这种融资形式下,公司原有的出资比例并未发生改变

在股权融资实践过程中,公司创始人可以根据行业和公司的实际情况,灵活选择一种或多种融资方式,以最大限度地放大股权的融资效果,获得尽可能多的资金支持。

第三节

选择最佳合作方，天使+风险+众筹

股权融资的资金来源，除了私募股权投资机构之外，还有其他"源头"的融资方式。公司创始人在做股权融资时，可以结合行业特点和自身实际情况，灵活选择合作对象，确保实现预设的融资目标，如图7-3所示。

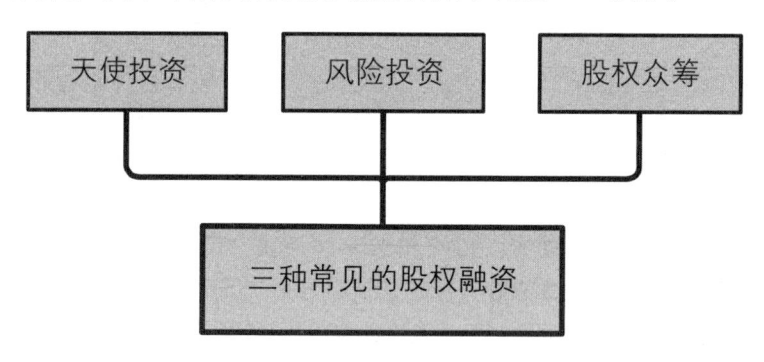

图 7-3 三种常见的股权融资

1. 天使投资

对很多有志于创业的人而言，天使投资并不陌生。很多年轻人即使没有设立自己的公司，甚至连产品模型都没做出，仅仅在大脑中有一个初步的创业架构，就会产生这样的想法：能不能从天使投资人那里得到一笔钱，将设想变为现实呢？

那么，到底什么是天使投资呢？所谓天使投资，是指一些拥有雄厚资金的个人或者机构，对拥有巨大发展潜力的高风险初创项目或企业进行早期投资。

通常，天使投资具备三点特征，如表7-5所示。

表7-5 天使投资特征一览表

特征	注释
审查相对宽松	投资人对初创项目或企业的审查并不严格，更多的是基于对项目或企业发展潜力主观上的判断
回报期待不高	天使投资人对投资能否取得高额回报并没有太高的期待，他们往往采用"广撒网"的方式分散风险
投资额较低	由于初创项目或企业未来充满不确定性，因此天使投资金额一般较小，且倾向于一次性投入

可见，天使投资主要倾向的是初创项目和初创企业。即使你只有梦想，还未组建团队，也有机会得到天使投资人的青睐。在你有了团队但还未建立起完善可靠的盈利模式时，也可以尝试引入天使投资，获得启动资金。

在创业起步阶段，在孤立无援时，你都可以尝试一下天使投资，获得宝贵的起步资金，开启创业大幕。

2. 风险投资

风险投资公司主要从各大金融机构、国外资本、各大产业公司、富裕的个人和家庭募集资金，然后将募集到的资金投向具有巨大升值潜力的公司，取得这些公司的股权。之后，等到这些公司的价值提升或成功上市后，通过转让公司股权获得高额回报。

2024年，造车新势力之一的蔚来汽车一共从CYVN那里获得了230亿元人民币的融资，创始人李斌再一次得到了风险投资巨头的青睐，为蔚来汽车在新能源赛道上飞驰注入了强劲的资本动力。CYVN隶属于中东著名的阿布扎比投资局，一直都是中国创业者最青睐的中东投资机构之一，它对蔚来汽车的投资，带来的不仅仅是丰厚的资本，还有信任背书，让更多风险投资公司看好蔚来汽车。

其实所谓的"VC"便是风险投资。之所以被称为风险投资，是因为投资过程中充满了各种不确定性——投资的高科技公司能不能做出价值，需要长期的观察和经营才能确定。

风险投资主要有三个显著特点，如表7-6所示。

表7-6 风险投资特点一览表

特点	注释
无担保且高风险	风险投资的目标公司通常是尚未起步或刚刚起步的高科技公司或产品，这些公司并没有固定资产作为担保，且因为市场、政策等的不确定，其发展过程难以预测
组合投资	为了分散投资高科技公司的风险，风险投资会采用投资项目群的方法，利用成功项目的高额回报弥补失败项目的损失
流动性较小	风险投资往往在高科技公司初创时就"入股"，经过几年的经营发展，等到高科技公司做出了价值后才会变现

3.股权众筹

股权众筹是近些年出现的新生事物，融资对象为社会公众，回报方式则是公司或相关项目实体的股权。相对于其他资金来源，股权众筹的最大特点体现在"众筹"二字上，通过向众多小股东募集资金获得公司或项目的启动资本。

股权众筹一般可以通过三种模式实现，如表7-7所示。

表7-7 股权众筹实现模式一览表

模式	注释	举例
凭证模式	出资人支付一定的资金并获得相应的凭证，而该凭证又直接和公司或项目股权挂钩	某项目需要50万启动资金，可将之拆分为10000股，每股作价50元，10股起售。购买股份的投资者都会得到一份股权认购凭证，项目盈利后可根据该凭证领取分红

续表

模式	注释	举例
会籍模式	筹资人建立某种形式的会所，假如该会所的成员共同为某个项目出资，根据出资额限购对应股权	先设定一定的出资额作为入会门槛，确保加入会所的会员拥有较强的经济实力。然后在会所发布某个投资项目的具体信息，分析其盈利前景，来吸引看好该项目的会员投资
天使模式	通过互联网平台发布众筹项目信息，吸引投资者注资	在某众筹投资平台上发布网红酒店创业计划，吸引看好该项目的投资者投资，不管1元还是1万都可以

对公司创始人而言，要根据自身所处行业的特点，以及公司实际情况灵活选择资金来源。另外，假如一种资金来源不能满足公司的发展需求，可以尝试多种资金来源组合的模式筹措资金。

第四节

走好流程，顺利搭上"金主"的车

公司创始人如何确保股权融资达到预期效果，顺利获得资金呢？答案便是利用流程的力量。虽然在融资过程中充满了各种不确定性，但只要公司有升值的潜力，项目有变现的价值，那么创始人只要按部就班地按照流程推进，最终成功融资的概率就会变大。

那么，股权融资的流程是什么呢？

一般来说，有以下六个步骤，如图7-4所示。

```
确定融资机构          深入会谈+尽职调查
准备融资相关文件  ——  股权融资六个步骤  ——  签订投资意向协议
联系融资机构演示      资金到账
```

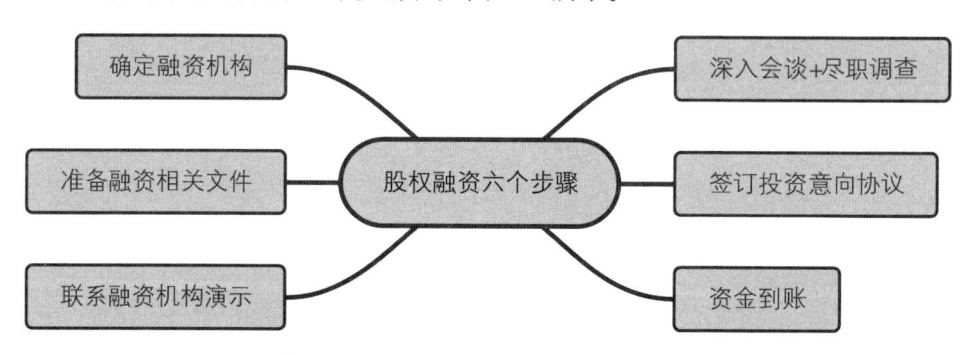

图7-4 股权融资六个步骤

步骤一：确定融资机构

确定融资机构，简单地说，就是向谁融资。公司创始人可以通过四个步骤确定最适合自己的融资机构，如表7-8所示。

表 7-8 确定融资机构步骤表

步骤	注释
归集	创始人利用各种渠道，将过去两年有对外投资行为的融资机构全部列出
筛选	从列出的名单中挑选出在公司所属行业有投资行为的融资机构
剔除	将已经投资竞品的融资机构从筛选后的名单中剔除
锁定	确定名单中资金雄厚且有投资意向的融资机构

步骤二：准备融资相关文件

融资并非儿戏，想要让对方投资你的公司或者项目，你必须让对方看到公司的升值潜力、项目的盈利前景，而这些需要相关文件来证明。

具体而言，公司创始人需要准备的文件主要有三大类：一类用来吸引投资机构，阐释公司未来价值，展示项目未来盈利能力，诸如行业前景分析、产品市场预测、商业计划书、执行摘要等；一类为融资演示，主要向融资机构展示融资的可行性和未来的高收益；最后一类则是法律法规文件，诸如融资所涉及的法律法规、公司章程、销售合同等。

步骤三：联系融资机构演示

确定有合作机会的融资机构并准备好相关融资文件后，创始人找到融资机构联系人，与其进行初步接触。在这个过程中，创始人需要进行融资演示，了解对方是否存在初步的投资意向。

做融资演示时，创始人首先要向对方展示公司的产品、市场以及商业模式，明确公司当前的财务状况。其次，创始人需要阐释公司的股权结构以及团队的创新创业能力，以期快速博得好感，获得信任。

要知道，虽然大多数融资机构愿意承担较大的投资风险，但它们更愿意投资拥有巨大升值潜力的项目和产品，更愿意和拥有拼搏和创新精神的管理团队合作。

步骤四：深入会谈 + 尽职调查

初步接触和融资演示后，如果融资机构对创始人的项目或产品表现出一定的兴趣，那么之后便可以进行更加深入的会谈和尽职调查。

尽职调查通常由融资机构派人实施，主要对融资公司的资产和负债情况、经营和财务情况、未来发展潜力和面临的风险等进行详细调查，力求对融资公司有一个全面且真实的了解。

当然，尽职调查是相互的，在融资机构了解融资公司的过程中，融资公司的创始人也可以通过各种资源和途径，对该融资机构有一个更加深入的了解。

步骤五：签订投资意向协议

尽职调查后，如果融资机构认可了公司未来的升值价值和项目可行性，便会向创始人出具投资意向协议，就具体条款进行谈判。

在谈判过程中，公司创始人要沉得住气，不要为了拿到钱而急于在协议上签字。最稳妥的做法是仔细研究融资机构出具的协议，确保每一项条款都能理解。当对某一条款有异议时，诸如融资金额、期限、利率等，可立即提出，争取最大权益。当所有条款都没有异议后，再和融资机构签订协议。

融资协议签订后，融资机构还会针对公司的财务和法律关系做一次尽职调查。如果发现问题，那么之前签订的融资协议便会作废。因此，创始人需要和融资机构保持联系，谈判具体条款，落实资金的具体用途，确保尽职调查不出问题，出了问题能够立即整改。

步骤六：资金到账

尽职调查顺利完成后，律师会将双方补充的条款生成最终符合法律法规的最终融资协议，双方无异议签字后，股权融资所有的程序就走完了。之后，融资机构会按照协议规定的日期将融资款打到指定账户。

资金到账后，创始人要按照协议规定和融资机构提供的资金使用计划使用资金，将钢用在刀刃上，以期逐步实现设定的发展目标，兑现融资承诺。

第五节

为公司"贴金",商业计划书要有价值

今日头条通过 B 轮融资成功获得了千万美元,为后续快速发展备足了"弹药"。今日头条之所以能够在 B 轮融资过程中获得融资机构的青睐,除了其自身表现出来的强大升值潜力外,还和其精彩的商业计划书有直接关系。

在今日头条的商业计划书中,其核心业务被总结成了一句话:基于社交挖掘和个性化推荐的新媒体。这句话能够让投资者在第一眼时便了解今日头条独特的价值和竞争优势——通过独特的社交挖掘吸引用户长时间驻足,通过个性化的推荐放大自身在用户眼中的价值。

正是商业计划书中展现出来的这种无与伦比的商业模式,令今日头条在投资者眼中更富有成长价值,更值得"下注"投资。

可见,商业计划书对于公司顺利完成股权融资有着举足轻重的作用。为什么公司创始人在股权融资时一定要撰写好商业计划书呢?原因很简单,因为商业计划书是投资人认识公司、项目或产品的第一"窗口",是其决定要不要关注公司、项目或产品的最重要途径之一。

简单地说,商业计划书是创始人向投资者展示公司、项目或产品潜在价值的载体——只有清晰明确地向投资者展示出了公司、项目或产品的潜在价值,才可能打动对方,令其下定投资的决心。

具体而言,一份好的商业计划书会从三方面坚定投资者的投资决心,如表 7-9 所示。

表7-9　商业计划书坚定投资决心作用一览表

作用	注释
帮助投资人快速了解项目商业模式	寻求投资的项目拥有什么独特的商业模式？这是投资者最关注的，因为商业模式的好坏直接决定了项目的盈利前景。通过商业计划书，创始人可以更直观地展示项目的商业模式
放大项目市场机会	通过在商业计划书中呈现出来的详细市场行情分析和潜在用户群体的画像，创始人得以放大项目的市场机会，提升其吸引力
提升投资人获利信心	通过商业计划书，创始人可以重点展示项目的盈利前景，以高额回报吸引投资人，提升他们的获利信心，坚定他们的投资信心

那么，公司创始人如何撰写出一份能够在第一时间抓住投资者眼球的商业计划书呢？要想在短时间内让投资人记住项目，并激发他们继续了解、关注项目的兴趣，一份简洁明了、重点突出的商业计划书至关重要。

通常，一份优秀的商业计划书包括十大要点，如表7-10所示。

表7-10　优秀商业计划书要点一览表

要点	注释
一句话概括项目卖点	创始人的融资项目本质上就是一件商品，它能不能在第一时间吸引投资人，卖点强不强是重要因素。因此，在商业计划书开头，创始人需要用一句话将项目的卖点、亮点或价值呈现出来
提出想要解决的商业痛点	项目想要解决的是什么商业痛点，是什么社会问题？要快速提出来，这些都要说清楚
阐述解决方案	针对商业痛点或社会问题,创始人有什么可行的解决方案？要将解决方案简明扼要地展示出来，重点阐述其效果和可行性
强调进入时机	为什么现在是最佳进入时机？要将当下投资该项目能够获得最大回报的原因说明白，诸如技术成熟、政策风口等

续表

要点	注释
剖析用户和市场规模	项目能不能盈利，和其对用户群体大不大、市场广不广有直接关系。在商业计划书中，创始人需要为潜在用户群体画像，系统分析和论证市场规模
行业现状	项目所属行业处于一个什么样的状态，存在什么短期竞品和长期竞品，它们的发展状态如何？创始人需要在商业计划书中明确
产品竞争优势	相对于竞品，项目产品有什么竞争优势？有哪些具备爆品的潜质？需要在商业计划书中重点分析，充分展示
商业模式	创始人的项目有什么独特的商业模式？相对于市场上的常规商业模式，该商业模式的优势是什么？通过什么盈利？要重点进行阐述，继而激发投资人的兴趣
团队介绍	投资人看重的不仅仅是商业模式的可行性和盈利前景，还会特别关注创业团队的凝聚力和执行力，因为再好的商业模式和项目，都需要团队去实现。因此，在商业计划书中，创始人需要将团队构成、创新力和执行力展示出来，让投资人能感知到团队的创业激情
融资计划	创始人需要多少资金？拿到钱后如何行动？希望实现什么目标？这些都需要在商业计划书中明确

总之，想要在第一时间激发投资人的兴趣，获得投资人的青睐，创始人必须要重视商业计划书，写好商业计划书。更加重要的是，一份优秀的商业计划书，不仅能够让投资人快速认知项目，了解其盈利前景，认识项目的投资价值，还能帮助创始人全面梳理项目、分析项目、挖掘项目的价值。

第六节
求同存异，谈判时要紧抓控制权

股权融资过程中，谈判是必不可少的环节。融资人和投资者都想获得最大的利益，作为融资人的创业者，都想以最小的代价获得尽可能多的资金支持，而作为投资者的融资机构，则希望在尽可能降低风险的前提下获得最大的收益。

融资方和投资方出于对各自的利益着想，自然会有分歧，于是谈判中的博弈就不可避免。在谈判过程中，创始人需要坚持相应的原则，才能确保在求同存异的基础上，以最小的代价实现预设的融资目标，如图7-5所示。

```
管控分歧，求同存异 ─┐
谨慎设置对赌条款 ──┼── 创始人谈判中需要坚持的原则
一票否决权能不给就不给 ─┘
```

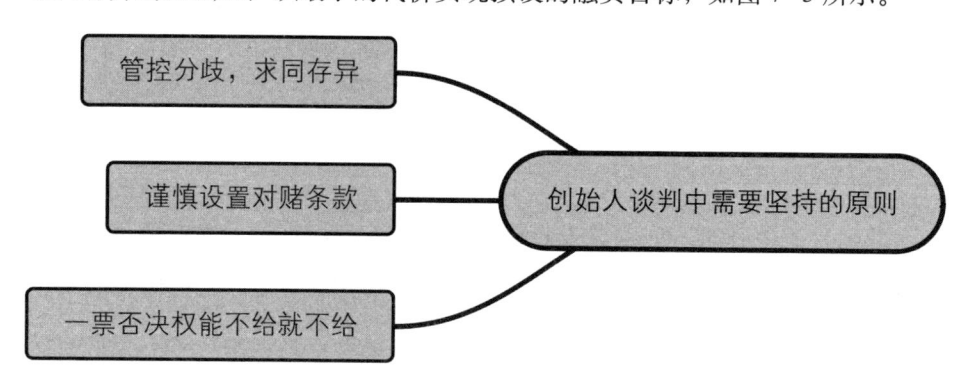

图 7-5　创始人谈判中需要坚持的原则

原则一：管控分歧，求同存异

融资方和投资方虽然所处的立场不同，目的不同，必然会导致彼此谈判的侧重点不同。如此一来，分歧的出现是必然的。

出现了分歧怎么办？站在创始人的立场上看，谈判的目的是以最小的代价实现融资目标。因此，当分歧出现时，创始人要学会管控分歧，要最大限度地求同存异，才能确保融资目标能顺利实现。

那么，具体而言，创始人如何在谈判过程中管控分歧、求同存异呢？具体原则如表7-11所示。

表7-11 融资谈判管控分歧原则一览表

方法	注释
换位思考	创始人需要站在投资人的立场上想问题，认真对待对方提出的问题，如果问题合理，就应该给予充分的尊重和理解
共担风险	对创始人来说，通过融资获取资金仅仅是短期目标，如何利用投资人的人力、物力、渠道等资源，做大做强公司是长期目标。因此，在谈判时要侧重于共担风险，不能只享利益不担责任
独立经营	融资是为了更好的发展，并非"卖身"，因此在涉及公司控制权、自主经营权和未来融资权时，创始人要坚定立场，不要轻易妥协后退
谋大弃小	只要能够在重点问题上获得突破，一些小问题、小利益上可以适当让步。也可以采用交换的原则，以某方面的妥协换取对方在自己所关注问题上的让步

原则二：谨慎设置对赌条款

所谓对赌协议，我们可以简单地理解为一种为实现目标的补偿协议，即，当融资方实现不了约定的特定经营指标或其他目标时，需给予融资方一定的补偿，这个补偿可以是一定数量的现金，也可以是按照某个价格全额回购股权，还可以是其他双方认同的方式。

对赌条款可以看作是一种对投资机构的保护措施，也可以看作是对融资方的一种鞭策。假如投资机构提议签订对赌协议，创始人需要全面衡量各种因素，审慎对待。因为一旦对赌失败，创始人可能会付出非常大的代价，不是背负巨额债务，就是将自己辛辛苦苦创办起来的公司"送给"别人。

正因为会出现各种难以预料的风险，所以创始人不得不和投资机构签订对赌协议。为了降低风险，创始人应当坚持两项原则，如表7-12所示。

表7-12 降低对赌协议风险原则一览表

原则	注释
量力设置对赌条款	创始人需要根据行业发展前景、公司综合实力、产品核心竞争力等设置最有把握实现的对赌目标，不能一味求大
加入双向对赌条款	创始人既要设置对赌目标未能实现时融资方的赔偿性条款，也要设置对赌目标超额实现时对融资方的奖励性条款，便于激发融资方员工的能动性和创新性

当然，为了最大限度地规避对赌风险，公司创始人还可以聘请专业律师把关对赌协议，尽量逐条推敲，避免协议条款中出现重大漏洞。

原则三：一票否决权能不给就不给

在股权融资过程中，有些投资机构为了最大限度地确保自身利益，会向融资方索要"一票否决权"。当投资机构获得了一票否决权后，公司的某些重大事项必须经过其或其委派的董事长同意后才能施行。

站在投资人的立场上看，其向公司投入了巨额资金，却没能获得股权比例对应的表决权，很难在今后的经营活动中捍卫自身利益。因此，从投资安全的立场出发，投资机构会倾向于获得一票否决权，通过左右公司经营决策最大限度地维护自身的投资利益。

但是站在公司创始人角度上看，给予投资人一票否决权，等于为自己找了位"太上皇"，削弱了自己对公司的实际控制权，甚至可能会在某些关系到公司存亡的重大决策上丧失最终决策权。

马化腾在评论ofo全线溃败时便将矛头指向了一票否决权，认为正是由于掌握一票否决权的股东出于自身利益否决了ofo数次股权融资和并购计划，导致ofo资金链断裂，陷入万劫不复的债务旋涡。

当然，在投资人将一票否决权和最终融资结果绑定的情况下，送出一票否决权已经成为定局。但为了在今后的经营管理中最大限度地避免矛盾，排除干扰,降低一票否决权带来的副作用,创始人应对送出的一票否决权进行"包装",如表 7–13 所示。

表 7–13 一票否决权"包装"原则一览表

原则	注释
在章程中增加兜底条款	假如公司章程中没有一票否决权的相关条款,为了避免一票否决权和公司章程冲突导致的矛盾,融资方可以在公司章程中增加"章程未约定事项,公司股东可另行约定"的兜底条款,确保送出的一票否决权合规
限定一票否决行使范围	通过修订公司章程,将投资人持有的一票否决权限定在个别重大事项上,通过限定使用范围降低其对公司经营的干扰
上市前清退	上市方式治理要求"规范运行",而一票否决权显然不符合此项规定。因此,在融资协议中需要加入清理条款,在公司上市申报前要及时清理

总之,在公司创始人和投资人斗智斗勇的谈判过程中,创始人要善于求同存异,始终将获得资金、人才、管理经验等战略性资源放在首位。与此同时,创始人要将公司控制权牢牢地抓在自己手中,不能为了短期利益而放弃对公司的控制权。

第八章

巧用股权并购，推进资产资源的整合

第一节

股权并购，横向+纵向+跨界

甲公司是国内某专注于动力总成（主要是指车辆上产生动力的一系列零部件的组件）的公司，公司不仅自身生产汽车整车、发动机及其他零部件，还能为其他汽车企业提供动力总成方案。乙公司则是欧洲重载货车行业的龙头企业，自从进军国内市场后业务发展迅猛，其国内注册公司主要从事重型液压设备的制造。

之后，甲公司制定了多元化发展战略，业务开始向重型汽车行业扩展。为了获得技术优势，甲公司和乙公司签订了战略合作协议，甲公司斥资 10 亿元人民币购买乙公司 30% 股权。除此之外，甲公司和还与乙公司约定，在乙公司成功上市后，甲公司有权增持乙公司的股份到 35%。

股权并购完成后，甲公司同乙公司进行了深度整合，在征得乙公司同意后，甲公司将 500 名技术人员转移到了乙公司，和乙公司技术人员组成核心科研团队，公关如何将重型液压技术应用于甲公司的产品，令其获得远超竞品的技术优势。

可见，通过股权并购，公司能够获得新技术、新模式和新思维的加持，令自身品牌、产品等变得更富有竞争力。

一般情况下，公司创始人可以通过三种方式完成股权并购，如图 8-1 所示。

第八章 巧用股权并购，推进资产资源的整合

```
股权并购的三种方式 ─┬─ 横向并购
                  ├─ 纵向并购
                  └─ 跨界并购
```

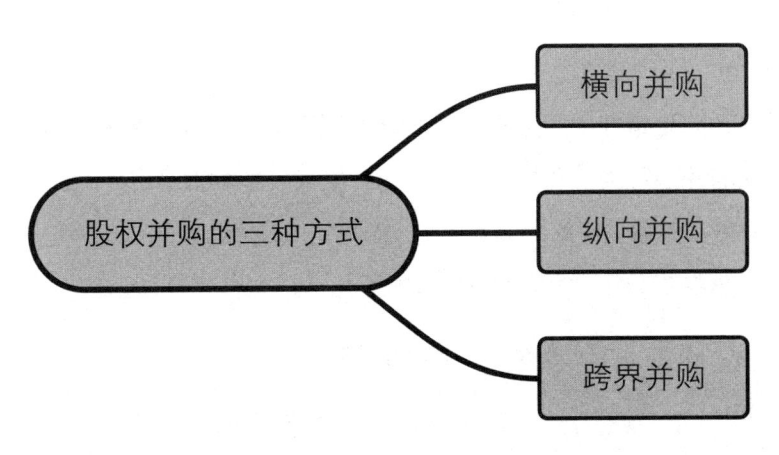

图 8-1 股权并购的三种方式

1. 横向并购

所谓横向并购，是指处于同一行业内的股权并购行为。我们可以将横向并购简单地理解为并购行业内的竞争对手，目的是提升公司产品在行业市场上的份额，巩固支配地位。比如，雀巢并购徐福记，可口可乐并购汇源，都属于横向并购。

横向并购通常会表现出三大优势，如表 8-1 所示。

表 8-1 横向并购优势一览表

优势	注释
知根知底	公司对同行业的竞争对手往往知根知底，甚至比竞争对手更了解竞争对手。因此，公司对并购公司的产品、市场占有率、技术实力、品牌知名度等信息了解得更为透彻，能够大大降低因为信息不对称造成的并购损失
快速整合	由于对标的公司的实力有一个非常清晰的认知，所以并购后的整合会非常简单，只需要派遣管理团队进驻标的公司，到岗后便可以胜任，继而避免了二次培训成本
快速扩大规模	通过横向并购，公司可以快速提升产品的市场占有率，扩大经营规模，继而提升在行业内的话语权，获得更大的竞争优势

2. 纵向并购

纵向并购是指在生产过程或经营环节联系紧密，或存在纵向协作的公司之间出现的并购行为。和横向并购相比，纵向并购的双方并不存在直接竞争关系，是需求商和供应商的关系。

纵向并购之于公司的优点主要有如下几点，如表8-2所示。

表8-2 纵向并购优点一览表

优点	详解
快速扩展新市场	通过纵向并购，公司可以涉足新市场，实现业务和品牌双扩张，继而进一步提升公司在产业链条上的影响力，获得更高的品牌知名度和更大的市场收益
强化竞争力	通过吸收上下游公司的核心技术，公司得以进一步提升产品的市场竞争力，在市场上获得更加锋利的竞争优势
开源节流	通过纵向并购，公司得以进一步掌控上下游资源，降低资源、研发、生产、销售等环节上的投入成本，实现资源的最佳优化配置

可见，通过纵向并购，公司可以快速整合上下游资源，改善自身经营结构，使之更加适应市场变化，继而在提升经营效率的基础上获得更加强劲的发展动力。

3. 跨界并购

跨界并购又称"混合并购"，是指收购公司和并购的标的公司处于不同行业和产业链条的并购行为。比如，一家主营珠宝业务的公司并购一家主营锂电池业务的公司，就属于典型的跨界并购。

跨界并购之于公司的好处如表8-3所示。

表 8-3　跨界并购好处一览表

好处	详情
助力公司快速转型	对传统行业公司而言，想要通过深耕行业"二次创业"难度非常大，而借助跨界并购则可快速实现转型升级，进入新行业新领域后快速站稳脚跟，获得可观市场收益
催生多元化经营	通过跨界并购，公司能够在现有业务基础上开拓新的业务形态，为消费者提供更加多元的产品和服务，增加更多的盈利渠道，提升公司的综合实力

总之，对公司创始人而言，股权并购是一种快速扩大公司经营规模、提升产品竞争力的有效工具。公司创始人可以结合公司所处的行业特点、产品和技术现状、自身实力等因素，灵活选择横向并购、纵向并购和跨界并购，为公司战略的早日实现找到一条捷径。

第二节

并购"三查",让你获得更大的收益

2022年,全球首富埃隆·马斯克以总计约440亿美元的价格收购了推特。推特是一家专注于社交网络和服务的美国公司,能够让用户使用"推文"在互联网上自由表达观点和个性,在美国拥有上亿活跃用户。

马斯克旗下产业众多,不管是全球电动汽车领域的巨无霸特斯拉,还是一直致力于宇宙事业开发的太空探索公司,表面上看都和推特没有任何形式的关联,但实际上却有着互促作用。通过并购推特,马斯克可以实现多元化经营,将业务触角伸展到社交媒体领域,有效拓宽了盈利模式和渠道。另外,推特还和特斯拉、太空探索等公司形成了良好的战略协同——借助推特的流量和舆论资源,特斯拉和太空探索公司得以快速提升知名度,扩大品牌效益,继而获得更大的市场份额和经济收益。

可见,马斯克并购推特并非如外界猜测的那般意气用事,而是深思熟虑的决定,是仔细审查后的行为。经过考察和论证之后,推特成了马斯克眼中最适合自己、最有成长潜力的目标。

企业创始人在做股权并购时,也应向马斯克学习,找到最适合的并购目标,力争并购后获得更大的收益。

那么,对公司创始人而言,如何找到最适合自身的并购目标呢?其实方法很简单,只要做到"三查"即可,如图8-2所示。

第八章 巧用股权并购，推进资产资源的整合

```
┌─────────────────────┐
│  查价值链是否存在互补性  │
└──────────┬──────────┘
           ↓
┌─────────────────────┐
│    查自身资源能力     │
└──────────┬──────────┘
           ↓
┌─────────────────────┐
│    查预期协同效应     │
└─────────────────────┘
```

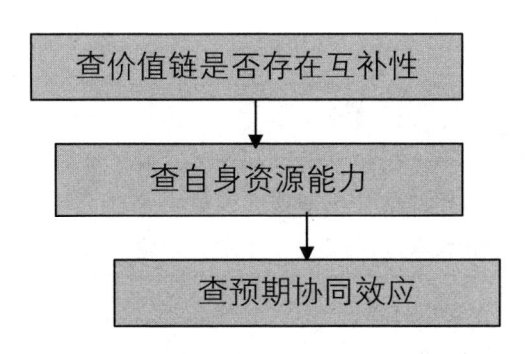

图 8-2　对并购公司要做到的"三查"

1. 查价值链是否存在互补性

在选择并购目标时，公司创始人首先要考察对方是否和公司当前主营业务在价值链上存在互补性。因为对一家公司而言，竞争优势主要体现在价值链上的各个价值活动本身和价值活动之间的联系。比如，一家新能源汽车企业制造的电动汽车拥有行业最高的续航里程，能够大大缓解用户群体的续航焦虑，那么，其价值活动便能为用户创造巨大价值，这家企业也会因此在市场上获得更强大的竞争力。

简单地说，公司想要通过并购获得更强的竞争力，那么选定的并购目标必须能够帮助公司提升价值活动，或者在一定程度上优化价值活动之间的关系。

具体而言，一个最佳并购目标会给予公司价值链三种好处，如表 8-4 所示。

表 8-4　最佳并购目标带给公司价值链好处一览表

好处	注释	举例
为用户创造更大价值	帮助公司制造出更好的产品或服务，为目标用户提供更好的问题解决方案	并购目标公司的新技术令电动汽车续航里程有了质的提升，解决了用户的续航焦虑
提升价值活动收益	能够帮助公司大大提升价值链含金量，令公司的价值活动获得更高的收益	让用户再也不会为续航担忧的电动汽车销售猛增，令公司收益成倍增加

续表

好处	注释	举例
强化价值活动互动	令公司各个价值活动之间产生更强的协同效应，使得公司更具行业竞争力	并购目标公司的大智慧模型技术让公司电动汽车变动更灵活，语音控制力更强

2. 查自身资源能力

对公司创始人而言，一个合适的并购目标在体量上会和并购公司匹配。简单地说，并购公司要确保自身有实力吞得下，消化得了。否则，便是贪心不足蛇吞象，最终鸡飞蛋打，导致大量的人力、物力和财力被浪费。

通常，公司创始人可以根据四个要素审视自身资源能力，如表8-5所示。

表8-5 资源能力匹配要素一览表

要素	注释
财力	并购公司在财力上要优于被并购目标公司，股权并购才能顺利完成。假如并购公司财力弱于被并购目标公司，则股权并购实施起来难度将非常大
人力	并购公司必须拥有足够有经验的人力，才能在并购后快速接管被并购公司，短时间内发挥出强大的协同效应
物力	并购公司必须拥有充足的原材料、设备资源，能够令彼此在物力资源共享中获得更强大的竞争力和更高的收益
软实力	并购公司必须拥有核心产品或核心竞争力，相对被并购的目标公司，拥有更高的用户信任度和品牌竞争力

3. 查预期协同效应

并购公司和被并购目标公司能不能形成强大的协同效应，能不能实现"1+1＞2"的华丽蜕变，是公司创始人必须考虑的问题，也是选择并购目标公司的重要标准之一。

那么，在具体实践中，公司创始人如何预测被并购目标公司带来的协同效应的强弱呢？通常，公司创始人可以从四个要素入手，如表 8-6 所示。

表 8-6 被并购目标公司协同效应预测要素一览表

要素	注释	举例
收入	被并购目标公司和并购公司在客户、市场、渠道、产品等方面是否存在资源共享和交叉销售的可能，如存在，能够在多大程度上提升各自的营收	并购后双方产品线更丰富，配送渠道更多样化，预测随着市场份额的提升，营收也会不断地增加
成本	并购公司和被并购目标公司通过共享资源、技术、人才、渠道等，大大降低了生产和销售成本	通过共享先进互联技术，避免了重复研发，降低了技术投入成本
风险	通过并购公司和被并购目标公司在用户、资产、产品线、市场区域上的差异，分散双方在生产经营上可能面临的风险	并购公司的产品通过被并购目标公司的渠道进入新的区域市场销售
融资	并购完成后，目标公司的资本结构会变得更加健康，公司估值进一步提升，有了进一步融资壮大的可能性	某公司被竞争对手部分并购后，盈利水平快速提升，被某投资机构看好，获得大笔投资

总之，通过三查，公司创始人得以锁定具备良好成长潜力、估价合理且能和自身公司高效协同的并购目标。

第三节

并购流程，按照自身意愿"摘果果"

对公司创始人而言，想要顺利将看中的"果果"摘下来，装入自己的口袋，一个前提是必须熟悉股权并购的流程。流程意味着秩序和经验，在一切准备就绪的基础上，遵循秩序和前人总结出来的成功经验，可以最大限度地确保股权并购按照自身意愿实现落地。

那么，这个流程具体要怎么走呢？主要分为以下步骤，如图8-3所示。

进行资产评估 → 签订并购协议 → 明确交割日 → 确认交割日的交易价格

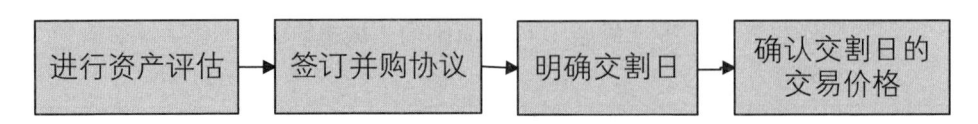

图8-3 并购公司的四个步骤

步骤一：进行资产评估

想要将对方"买"下，首先要确定一个双方都能接受的价格才行。因此，在股权并购开始后，公司创始人首先要确定一个定价基准，明确被并购目标公司到底"值多少钱"。

那么，如何知道被并购目标公司值多少钱呢？对上市公司而言，这个答案比较简单，其在某日的股票市场价乘以需要收购的股票总数，得到的最终结果便是估价。而对未上市公司而言，一个最简单也是最具信任度的方法是聘请双方都认可的评估公司，以最终评估结果来确定在某个双方都认可的约定日期，被并购目标公司价值几何。

比如，一家主营家电产品的公司，跨行并购某锂电池公司。通过双方都认可的专业评估，公司在2023年11月8日对该锂电池公司进行资产评估：

某锂电池公司报表层面总资产账面价值为 9000 万元，总负债为 1000 万元，净资产账面价值为 8000 万元。

步骤二：签订并购协议

并购公司和被并购目标公司参考资产评估结果，在协商的基础上，确定标的股权价格。

确定标的股权价格后，并购公司和被并购目标公司协商并最终固定并购协议条文。为了确保并购协议合法合规，条文不出现漏洞，可以聘请专业律师撰写和修订，将股权收购双方的权、责、利固定下来。

在双方都方便的日期签订并购协议。为了避免今后产生不必要的矛盾，双方主要股东都需要在该协议上签字。

步骤三：明确交割日

所谓交割日，就是被并购目标公司将标的移交给并购公司的具体日期——只有交割清楚，股权并购才算基本完成。

比如，双方在股权协议中，并购公司可以和被并购目标公司对交割日做以下约定：标的股权应当在并购交易获得证监会批准之日起三个月内完成交割。假如获得证监会批准之日距离年底（12月31日）不足三十日的，股权标的需要在证监会批准之日后二十天内交割完毕。

步骤四：确认交割日的交易价格

从签订股权并购协议到最终完成交割，中间往往存在一段时间。为了避免出现不必要的矛盾，需要明确最终交割日的交易价格。

比如，并购公司和被并购的目标公司可以在协议中约定，在协议签订之日到最终交割完成前，被并购目标公司产生的收益由并购公司享有；被并购目标公司在此间产生的亏损，则由交易双方按照各自的持股比例分担。

总之，为了确保股权交易有一个预期的结果，公司创始人应当重视流程的作用，利用好流程，做好流程，确保每一步都落到实处，每一步都有一个好的结果。

第四节

标准定价，股权并购顺利的基础

在股权并购中，交易价格的确定是重中之重。一个好的交易价格，是并购公司和被并购目标公司"联姻"的桥梁，只有你情我愿，今后的日子才会变得更加甜蜜。

那么，对创始人来说，如何确定一个既能让自己满意又能让被并购方接受的价格呢？

并购交易的价格并非公司创始人一言而定的，也非被并购目标公司股东的"一口价"，而是由多种因素共同决定的。

具体而言，影响公司并购交易价格的因素如表 8-7 所示。

表 8-7　影响公司并购价格因素一览表

影响因素	详情
目标公司价值	价值决定价格，被并购目标公司的价值高还是低，将直接决定其交易价格的高低
供求关系	供求关系会在很大程度上影响产品的市场价值，在股权并购过程中也是如此，如果被并购目标公司升值空间较大，非常抢手，相对于其实际价格，最终交易价格会高很多
交易结构	交易结构包含收购方式、支付方式、交易组织结构、融资结构等，交易结构的选择会在一定程度上影响股权并购的价格

影响因素	详情
市场地位	并购公司和被并购目标公司在市场上的地位以及影响力大小对最终并购价格有一定影响。比如，被并购目标公司在其所属行业内有一定的垄断地位，对上下游有很大影响力，其交易价格相对于实际价值会高很多
议价能力	并购公司和被并购目标公司的议价能力会对股权并购价格产生一定的影响力。通常，并购公司议价能力越高，股权并购价格便会低一些；被并购目标公司的议价能力越高，股权并购的价格便会高一些

当然，除了上述因素外，股权并购价格还会受到其他一些因素的影响，诸如交易价格的确定方法等。公司创始人在确定股权交易价格时，需要充分衡量和参考各种因素，才能确保最终提出的价格为对方所接受。那么，在股权并购中，交易价格最终由哪些标准确定呢？通常情况下，股权并购最终交易价格可以参考五种标准，如表8-8所示。

表8-8 股权交易价格确定标准一览表

标准	详情
资产价值	股权并购的价格应当反映并购目标公司的真实价值，并购公司提出的股权并购价格必须是建立在被并购目标公司资产评估基础上的。因此，在股权并购交易中，采用最广泛的价格确定标准便是资产评估
出资额	按照被并购目标公司工商注册登记的出资额来确定转让的具体价格，出资额越高，价格越高，出资额越低，价格越低
净资产	立足于被并购目标公司的财务报表层面，将其净资产额作为确定股权并购交易价格的基础。而被并购目标公司净资产额越高，交易价格越高，净资产额越低，交易价格越低
竞价	通过拍卖、招标等竞价标准确定股权交易的最终价格，最终的拍卖或招标价格是多少，那么股权并购的交易价格便是多少

续表

标准	详情
谈判	在预估的基准价格基础上,并购公司和被并购目标公司可以协商、谈判的方式,各自利用有利于自身的因素确定最终的交易价格

如果在股权并购过程中,最终的股权交易价格如何确认呢?

一般来说,股权并购交易价格可以通过两种方式加以确认,如表8-9所示。

表8-9 股权并购价格确认方式

确认方式	注释	适用情况
先确认交易对价再签署并购协议	股权并购公司和被并购目标公司通过协商确定交易对价后,再拟定并购协议条文,没有异议后双方主要股东在并购协议上签字确认	使用情况比较普遍,尤其是在并购公司和被并购目标公司不存在关联的情况下,双方信息不对称,并购公司需要通过审计机构摸清被并购目标公司的实际情况,才能给出一个合理的基础价格,以最大限度地降低并购交易中潜在的风险
先签订并购协议再确定交易对价	并购公司和被并购目标公司首先签订并购协议,协议中仅仅对交易对价做原则性规定,之后再通过补充协议或价格鉴定报告的形式最终确定交易对价	这种并购价格确认方式多适用于并购公司和被并购目标公司之间存在关联的情况,或者股权并购双方急切想要签订并购协议。通过这种方式,双方可以先将交易对价的支付方式、股权收购范围、具体交割事项等确定下来。采用并购价格确认方式,可以快速制造轰动效应

在确定股权交易价格时,公司创始人需要找到双方都认可的标准,按照标准制定价格,才能获得对方的积极呼应,推动股权并购顺利进行。

第五节

拟好协议，预防股权并购后期风险

在公司选定了目标开启了股权并购大幕后，在对目标公司完成了尽职调查后，假如结果符合公司创始人的心意，在对方也愿意接受并购条件的前提下，便可以和被并购目标公司主要股东签订并购协议，为股权并购画上一个完美的句号。

可见，股权并购协议在整个股权并购过程中拥有异常重要的作用，堪比"传国玉玺"。因此，公司创始人对并购协议再怎么重视也不为过。而准确合规的并购协议，能够将并购公司和被并购目标公司的权、责、利固定下来，这样能够确保整个股权并购行为合法合规，最大限度地杜绝漏洞和风险。

那么，一个准确合规的并购协议，包括哪些条款内容呢？

一般来说，主要包括以下条款，如图8-4所示。

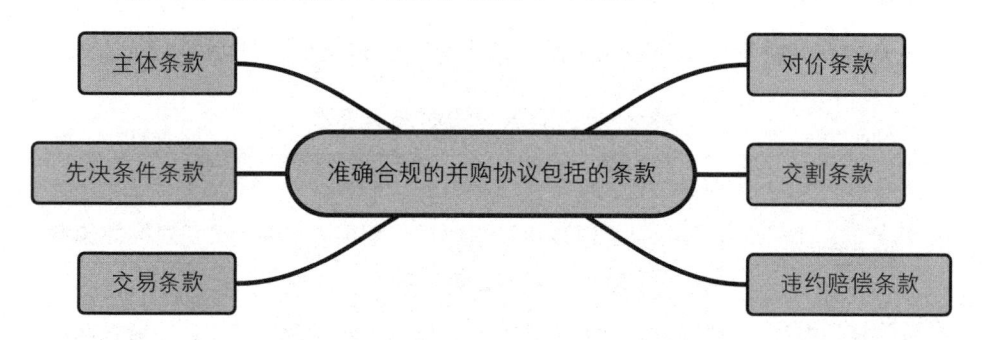

图8-4 准确合规的并购协议包括的条款

1. 主体条款

主体条款，顾名思义，就是确定股权并购协议所涉主体的条款，主要针对法人主体或自然人主体。

主体条款通常会出现在三种背景下，如表8-10所示。

表8-10 主体条款出现的背景

出现背景	详情
并购交易	主要明确参与股权并购双方的正确名称、注册地址、联系地址、统一社会信用代码、联系方式等信息
增值交易	协议中涉及增值交易的，除了要明确并购交易买方和卖方信息外，还需要明确被增资公司的相关信息
担保方	涉及担保方时，诸如实控人，应在条款中明确其姓名、身份证号码、住址、联系方式等信息

2. 先决条件条款

在股权并购协议中，先决条款是必备条款，其设置目的主要是为了保护意向买家的利益。先决条件条款的主要内容是交割生效条件，诸如内部授权、对被收购目标公司的尽职调查、监管等。例如，当股权并购涉及反垄断审查申报时，并购公司需要向相关机构提交股权并购申报，被批准后才能进行和被并购目标公司进行交割。

在股权并购中，常常涉及到五种先决条件，如表8-11所示。

表8-11 股权并购的先决条件

先决条件	详情
完成尽职调查	在股权并购协议签订后的规定期限内，并购公司对被并购目标公司完成尽职调查，且调查结果符合并购公司预期
法律意见书达到预期	律师出具针对被并购目标公司的法律意见书内容和形式达到了并购公司的预期，其主要股东对其表示认可
内部决策结构通过	并购公司和被并购目标公司的股东会在规定的期限内顺利通过股权并购协议

续表

先决条件	详情
被收购目标公司陈述真实且有效	在交割前，被并购目标公司对并购公司的陈述真实有效，保证全部兑现
通过审批	股权并购申请通过监管机构的审批

需要注意的是，为了避免因某些预设的先决条件无法在规定期限内完成产生不确定性，公司创始人可以在先决条件中加入"最后终止日期限制"。比如，双方在协商基础上约定并购协议签订后三个月内实现全部先决条件，否则任何一方都没有义务进行交割。

3. 交易条款

拟定交易条款的目的在于固定股权并购双方之间的约定，以法律形式将之确定下来。

通常，根据不同的交易结构，可以将交易条款划分为三种类型，如表8-12所示。

表8-12 交易条款类型

类型	详情
股权转让条款	被并购目标公司同意出售和转让全部或部分股权，并购公司同意购买或受让被并购目标公司的全部或部分股权
增资交易条款	涉及增资交易的，内容体现为一方同意对被并购目标公司增资，并持有该公司的相应股权
资产转让交易	涉及增产转让的，条款内容体现为一方同意出售和转让资产，另一方同意购买和受让该资产

4. 对价条款

对价条款是并购协议的核心条款，主要作用是约定购买和受让标的股权或资产的总对价，固定被并购目标公司的"价值"。

公司创始人从确保自身利益的角度出发，可以在对价条款中加入调整机制。比如，在双方交割时，假如经过专业审计机构审计，被并购目标公司的净资产低于双方最初约定的数值，则并购公司和被并购目标公司同意对约定的对价进行相应调整。

在付款进度上，并购公司和被并购目标公司可以约定一次性付清，也可以分期付款。对并购公司而言，分期付款最有利，一方面，可以减轻公司财务压力，另一方面，股权并购实质完成后再支付尾款，可在一定程度上对被并购目标公司主要股东进行约束，维护自身利益。

比如，并购公司可以和被并购目标公司约定分三期支付对价。第一次支付在并购协议签订后十日内，第二次支付在股权或资产交割当日，第三次支付在交割后三十日内。

另外，在对价条款中，并购公司和被并购目标公司还可以就对价的具体支付方式、币种、收款账户等进行约定。

5. 交割条款

交割条款是并购协议的核心条款，其作用是明确和固定交割的时间、地点和法律文件。

通常，在股权协议中，并购公司要列出专门的条文，要求被并购目标公司（或主要股东）在交割时出具股票凭证（出资证明书）、授权委托书、董事会或股东会批准该并购的决议，自并购协议签订后到交割前未发生不利变化的确认函等文件。被并购目标公司（或主要股东）则会要求并购公司出具付款凭证、董事会或股东会批准并购的相关决议等文件资料。

需要注意的是，并购公司要在条款中明确，交割时被并购目标公司的印章、财务会计凭证、证件照等一并移交，且被并购目标公司需要配合并购公司办理股权变更的相应审批和工商变更登记手续。

6. 违约赔偿条款

违约赔偿条款也是并购协议的核心条款，主要作用是明确各方违约责任，避免并购纠纷。

违约赔偿条款内容可以分为两个类型，如表 8-13 所示。

表 8-13　违约赔偿条款内容类型

类型	详情
承诺和保证违约	并购双方违背各自向对方做出的承诺和保证造成损失的，需要赔偿对方的所有损失
违反义务	并购双方未履行各自需要承担的义务（承诺和保证之外的义务），诸如被并购目标公司延迟交割，需要承担违约责任，向对方赔偿一定数额的违约金

当然，除了上述条款外，在并购协议中，并购公司和被并购目标公司在协商基础上，还可以加入其他条款，诸如通知条款、税费条款等，以最大限度维护并购双方的利益，明确各自的权责，规范彼此的行为。

第六节

并购双赢，先了解股权并购的"坑"

在进行股权并购时，有些公司创始人盲目自信，认为自己对并购目标公司已经了如指掌，觉得有了充分了解，就能凭借着所谓的"感觉"进行决策，这种做法很危险，会导致自己最终误入"雷区"，造成不必要的损失。

因此，公司创业者有必要提前了解股权并购风险，避免自己和公司在股权并购中触雷。一般情况下，股权并购中的风险主要有五种，如图8-5所示。

```
┌─────────────────────┐
│  目标公司股权"带病"  │
└──────────┬──────────┘
           ↓
┌─────────────────────┐
│    原始出资连带责任   │
└──────────┬──────────┘
           ↓
┌─────────────────────┐
│     商业机遇流失      │
└──────────┬──────────┘
           ↓
┌─────────────────────┐
│     付款后未交割      │
└──────────┬──────────┘
           ↓
┌─────────────────────┐
│     隐形债权债务      │
└─────────────────────┘
```

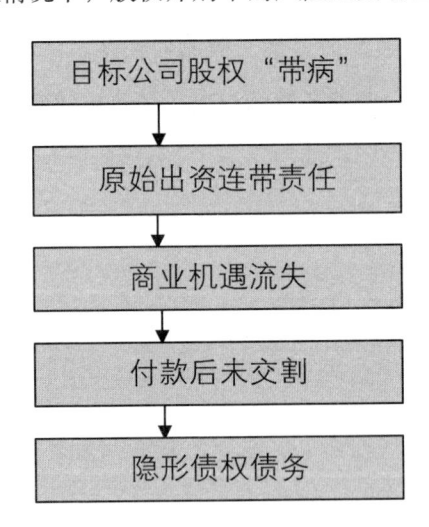

图 8-5 股权并购中的五种风险

风险一：目标公司股权"带病"

对公司创始人而言，想要通过股权并购获得的是被并购目标公司的全部或者部分股权。假如被并购目标公司的股权"带病"，存在权利瑕疵的话，即使买到手中，也是一颗"定时炸弹"。

那么，公司创始人如何规避被并购目标公司股权"带病"这一风险呢？通常，公司创始人可以通过"两查法"进行规避，如表8-14所示。

表8-14 规避股权"带病"之两查法

方法	详情
查目标公司工商档案记录	根据《企业登记档案资料查询办法》第六条规定："各组织、个人均可向各地工商行政管理机关进行机读档案资料查询。"创始人通过工商档案记录对被并购目标公司的股权情况进行查询，核定其登记情况是否与被并购目标公司陈述相同，是否存在抵押、冻结等限制股权权利的情况
查目标公司文件	通过查询拟被并购目标公司内部的文件，诸如利润分配凭证、董事会或股东会重大决策文件等，核实其股权实际情况

风险二：原始出资连带责任

通过股权并购，并购公司会获得被并购目标公司相应的股权，享有对应的股东权利和义务。因为是通过并购方式成为被并购目标公司的股东，所以很多公司创始人会想当然地认为自身并不会承担被并购目标公司在出资设立时的相关法律义务。

实际上，按照《公司法》以及《最高人民法院关于适用〈中华人民共和国公司法〉若干问题的规定（三）》的相关规定，假如被并购目标公司的股东存在未履行或者未全部履行出资义务的情况，那么并购公司可能会因此承担相应的连带责任。

因此，在股权并购过程中，公司创始人需要特别注意对此风险的规避，具体方法有二，如表8-15所示。

表8-15 规避原始出资连带责任风险方法

方法	详情
调查被并购目标公司股东是否完全履行原始出资义务	在并购前，并购公司要对被并购公司股权原始出资情况做一个详尽调查，确定股权出让方有没有完全履行其原始出资义务

续表

方法	详情
签订协议明确责任和赔偿	并购公司可以和被并购目标公司的主要股东签订相关协议，在协议中约定被并购目标公司的股东必须完全履行原始出资义务，如果没有完全履行需要赔偿因此给并购公司带来的一切损失

风险三：商业机遇流失

股权并购的一个最主要目的是通过掌控被并购目标公司的全部或部分股权，最大限度地抓住商业机遇，扩大并购公司在产品、技术上的优势，提升自身在行业市场上的地位。

但并购目标的选择、谈判都需要投入大量的时间和精力成本，而且在并购过程中，还会面临因商业机密泄露等原因导致的被竞争对手抢占先机等被动局面。这些不确定性，会大大降低股权并购的价值，导致并购公司陷入商业机遇流失的风险。

那么，公司创始人如何规避这一风险呢？方法很简单，公司创始人可以在并购谈判开始后，立即和被并购目标公司签订框架协议，通过拥有约束性的条款获得排他性的谈判地位，确定双方的保密义务和各自负责的事项的截止日期。

风险四：付款后未交割

并购公司支付对价款项后，存在被并购目标公司无法按时、全部交割相应股权或资产的风险。一旦应对不当，并购公司便可能陷入无休无止的麻烦之中，甚至最终竹篮打水一场空。

那么，公司创始人如何最大限度地规避这一风险确保资金安全呢？通常情况下，公司创始人可以通过两种方式规避付款后未交割风险，如表8-15所示。

表 8-15 规避付款后未交割风险方法表

方法	详情	举例
分期支付	约定多个支付的时间点，分多次支付对价，直到支付完毕为止	分三次支付对价，第一次在并购协议签订时，第二次在交割时，第三次在交割后十日内
预设条件支付	设定支付对价的前提条件，满足该条件后才会支付对价	双方股东会或董事会批准并购协议后，一次性支付对价款项

风险五：隐形债权债务

假如被并购目标公司隐匿了债权债务，没有如实陈述和披露，将会为并购公司后续经营带来重大风险。

为了规避该风险，公司创始人需要在并购前弄清下列问题：

第一，被并购目标公司是否如实陈述和披露了所有债权债务，且股权价值评估时是否充分考虑了这些因素？

第二，被并购目标公司的债务是否存在不能实现的可能性？应收款或应付款是否合乎法律法规？

第三，被并购目标公司是否存在对外担保情况，如果存在，有没有代为清偿的风险？

第四，被并购目标公司在环境保护、税收、知识产权、产品售后等方面有没有涉法侵权行为？

对被并购目标公司潜在的债权债务，公司创始人需要及时发现，并要求对方做出消除风险的承诺，拿出化解的具体方案，承担由此产生的一切损失。

除了上述风险外，公司创始人在股权并购过程中，还需要规避税收、员工劳动关系等风险，避免在股权并购成功实施后陷入无休无止的麻烦之中。

第九章

股权合法节税，降低运营成本

第一节

公司节税，先分清子公司和分公司

对创始人而言，创立公司的最终目的是获得尽可能多的税后收益。因此，在设计公司股权架构时，要特别重视降低税负，降低运营成本。

深圳某知名奶茶品牌，2024年打算向全国其他城市扩展业务，陆续开设了20家分店，预计每家分店的利润为50万元。

这20家分店如果采用分公司的形式设立，企业所得税就需要汇总计算缴纳。按照我国相关税收政策，小微企业（年度应缴纳税所得额不超过300万元，从业人数不超过300人，资产总额不超过5000万元）可按照5%份额征收企业所得税，而20家分店净利润汇总后在1000万元，显然不能享受小微企业的税收优惠政策，需要按照25%的正常税率缴纳企业所得税，20家分店需要缴纳的企业所得税为250万元。而如果这20家分店采用子公司的形式设立，那么按照小微企业5%的税率计算，它们共计缴纳企业所得税为50万元——相对于分公司，子公司为该公司节税200万元。

可见，相对于分公司，设立规模较小的子公司，能够有效节税，大大降低公司的整体运营成本。

在业务快速发展的大背景下，设立分公司或者子公司是最好的选择。公司创始人需要明确二者之间的主要区别，便于根据实际情况灵活选择。

具体而言，子公司和分公司的主要区别有两点，如图9-1所示。

```
子公司和分公司的主要区别 ─┬─ 两者的主体资格不同
                        └─ 企业所得税申报方式不同
```

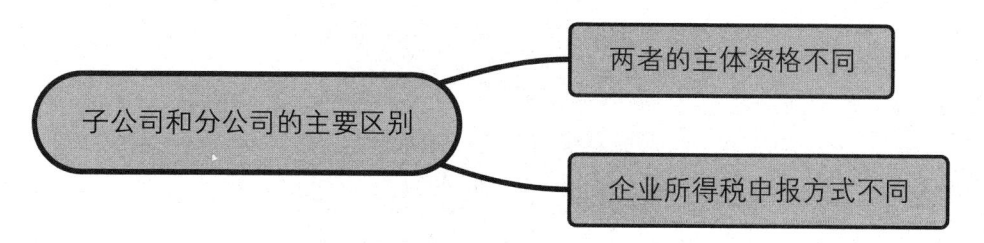

图 9-1 子公司和分公司的主要区别

区别一：两者的主体资格不同

在法律上，分公司并不是独立的法人主体，其财产完全属于母公司，因此不能独立对外承担法律责任，不能独立对外融资，在人事、财务、经营决策上没有独立自主的权力。而子公司则恰恰相反，其在法律上是独立的法人，有自己的财产，可以独立对外承担法律责任，且经营范围也不受母公司的约束，在人事、财务和经营决策上有非常高的独立性。

区别二：企业所得税申报方式不同

在缴纳企业所得税时，分公司和母公司是统一计算的——先由母公司统一汇总计算，然后再按照一定的比例分摊到各分公司，由分公司在所在地缴纳。而子公司是独立的法人，其应该缴纳的企业所得税是独立计算的，不能和母公司合并计算。

那么，如何设立子公司呢？

可以在税收洼地设立子公司。因为在某个特定行政区域内，为了吸引更多的企业入驻、扩充本地税源、促进经济发展和人员就业，政府会为企业制定一系列税收优惠政策。相对于其他区域，在该区域内注册的公司，承担的税务成本更低。

具体而言，在税收洼地注册子公司，可以享受到的利好主要有三个方面，如图 9-2 所示。

```
┌─────────────────┐
│ 充分利用"核定征收"办 │
│ 法降低税收负担      │
└────────┬────────┘
         ↓
┌─────────────────┐
│ 设立子公司的流程更加简 │
│ 单、方便           │
└────────┬────────┘
         ↓
┌─────────────────┐
│ 利用税收地方留成返现最 │
│ 大限度地实现节税     │
└─────────────────┘
```

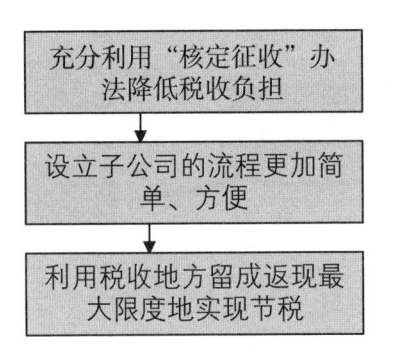

图 9-2　税收洼地注册子公司的好处

1. 充分利用"核定征收"办法降低税收负担

相对于其他区域，税收洼地内的核定征收率更低，在该区域内设立的子公司可以利用核定征收的方式计算企业所得税，有效降低税负。

2. 设立子公司的流程简单、方便

为了最大限度地开拓税源，税收洼地在公司设立流程上通常会异常简单和方便，能够为创始人提供一站式服务。因此，在该地区设立子公司的时间、人力和财务成本更低。

3. 利用税收地方留成返现最大限度地实现节税

在一些地区，政府为了吸引更多的企业来投资，解决当地百姓的就业问题，会将地方留成税收资金拿出来对投资企业进行税收返还。如此一来，公司就可以利用好这一政策，把公司的税负进一步降低。

对公司创始人而言，在可以做多种选择的情况下，应当尽量选择以子公司的形式开展新业务，一方面，最为独立法人的子公司能够更加灵活地应对市场变化，船小好调头，有利于提升市场占有率。另一方面，从节税角度看，子公司既可以控制规模，利用小微企业的身份合理合法节税，也可以专门设立在税收洼地，利用当地的一系列税收政策节税。

第二节

股东分红，五种情况下可以免个税

对于自然人股东而言，随着公司经营状况的持续改善，经营收益的快速提升，能够获得的分红也会水涨船高。但是，分红显然也属于股东的个人所得，需要缴纳相应的个人所得税。

那么，个人股东什么情况下缴纳个人所得税，什么情况下不缴纳个人所得税呢？我们就来谈谈这两种情况。

1. 自然人股东分红缴税的五种情形

通常情况下，对自然人股东而言，在下列五种情形下需要向税务机关缴纳税款，如表 9-1 所示。

表 9-1 自然人股东缴纳个人所得税情形表

情形	详情	举例
投资非上市公司	我国境内的自然人投资境内非上市公司的，所获得的分红需要向税务机关缴纳个人所得税	宁夏人王磊，担任某葡萄酒公司股东，2023 年度分红 500 万，需要缴纳个税
投资新三板公司持股不超一年	我国境内的自然人投资境内新三板公司所获得的股份分红，需要向税务机关缴纳个人所得税	北京人李成，是某新三板股东，2023 年度获得分红 1000 万元，需要缴纳个税

续表

情形	详情	举例
投资上市公司（流通股）	我国境内的自然人投资境内上市公司（流通股），所得的分红需要向税务机关缴纳个人所得税	江苏人李静从市场上购得某上市公司的股票，成为该公司股东，持股不满一年就卖出了，需要缴纳个税
投资上市公司（限售股）	我国境内的自然人投资境内上市公司（限售股），所获分红需要向税务机关缴纳个人所得税	赵琳是某上市公司的原始股股东，她持有该公司的限售股股票，分红需要缴纳个税
个人独资或者合伙企业股东投资境内企业	个人独资企业或者合伙企业的股东，投资我国境内的企业，成为其股东获得的分红，需要缴纳个税	某合伙企业的股东肖飞，投资了一家高科技公司，当年获得1000万分红，需要缴个税

2. 自然人股东分红不需要缴纳个税的五种情况

现阶段，对自然人股东而言，从公司获得分红就一定要缴纳个人所得税吗？答案是否定的，在下列五种情况下，自然人股东分红并不需要缴纳个税，如表9-2所示。

表9-2 自然人股东分红不需缴纳个税情况

情况	详解
持有上市公司股票期限超过一年	自然人从公开发行和转让市场取得的上市公司股票，持股超过一年的，股息红利所得是暂免征收个人所得税的
持有新三板公司股票期限超过一年	自然人持有新三板公司（挂牌公司）的股权，且持股期限超过一年，免征分红的个人所得税
非中国籍自然人投资外商投资企业	外籍自然人投资境内的外商投资企业，成为其股东后所获得的股息、红利所得，暂免个人所得税

第九章 股权合法节税，降低运营成本

续表

情况	详解
个体、个独、合伙企业业主、合伙人	对于体工商户、个人独资企业、合伙企业的业主或者股东、合伙人来说，盈利后按照经营所得缴纳，之后再取走税后利润时，就不需要重复缴纳个人所得税
从基金分配中获利	当自然人从基金分配中获得相应的收入时，暂时免征个人所得税

了解了自然人股东在什么情况下分红需要缴纳个人所得税，在什么情况下不需要缴纳个人所得税，自然人股东可以再根据自身实际情况，适当降低征收个人所得税项目的投资，提升免除个人所得税项目的投资。如此，通过一降一增，可有效降低自身税负。

第三节

家族信托，既确保资产安全又能降低税负

家族信托是指信托公司接受一个人或者家庭的委托，以家庭财务的保护传承和管理为主要信托目的的信托业务。

一般来说，家族信托由四部分组成，如表9-3所示。

表9-3 家族信托组成一览表

组成	详情
委托人	创立家庭信托的个人或者公司
受托人	负责管理信托人，可以是专业的律师、会计师等，也可以是委托人或者其指定的亲属
受益人	从信托中获得利益的人，诸如委托人的父母、配偶、儿女等。受益人既可以是一个人，也可以是几个人
信托契约	信托契约是解释和规定该信托的条款，它规定了在家族信托中谁有最终权力指定和移除受托人

在家族信托组成的要素中，信托契约尤为重要。也就是说，公司创始人想要设立家族信托，需要首先建立信托契约，在该契约指定受托人。另外，通过信托契约，创始人还需要明确相关管理制度，解决"怎么管理家族信托"的问题。

需要注意的是，信托契约具备相应的法律效力，专业性较强。为了避免出现漏洞，公司创始人可以聘请专业律师起草。

家族信托使用得合理合法合规，不仅可以有效隔离风险，传承家族财富，还可以帮助公司创始人降低税务负担。

家族信托的个税筹划主要表现在两个方面，即降低个税和递延纳税时间。如图 9-3 所示。

降低个税 — 家族信托个税筹划 — 递延纳税时间

图 9-3　家族信托的个税筹划

1. 降低个税

家族信托的设立可以显著降低需要缴纳的个人所得税数额。因为在我们现行法律框架中，信托不是自然人，因此不需要缴纳个人所得税；也非公司法人，所以也不用缴纳企业所得税。除此之外，家族信托也不是其他类型的纳税主体，不需要缴纳其他类型的税。

也就是说，通过家族信托投资获得的收益是不要纳税的。因此，家族信托向受益人分配信托利益时并不需要代扣个人所得税，从而在一定程度上降低了受益人的税负。

比如，钱先生设立了一家家族信托，将名下所有资产转入了该信托基金，并通过该信托对外进行投资。2023 年度，钱先生通过该家族信托获得了 2000 万元收益，且最终本金和收益全部回到了该家族信托。在这种情况下，钱先生就不需要缴纳个人所得税。

2. 递延纳税时间

通过设立家族信托，可以递延纳税时间，在一定时期内降低税负。随着我国税制的逐渐完善，在未来的某个时间，家族信托向受益人分配利益时需要代扣代缴合理的个人所得税。

通过设立家族信托，公司创始人可以在确保家族资产安全的前提下进行合法合规地税务筹划，能有效降低税负。

第四节

股权转让，合法降低税负的途径

顺心饮食服务公司投资胖子拉面连锁公司的初始投资成本为600万元，持有胖子拉面连锁公司60%股份。美妙生活餐饮公司投资胖子拉面连锁公司的初始投资成本为400万元，持有胖子拉面连锁公司40%的股份。

2023年以后，顺心饮食服务公司开始实施"聚焦"战略，经营重心向"盒饭"系列产品靠拢，开始剥离拉面系列业务。为了回笼资金，聚焦主营业务，顺心饮食服务公司和美妙生活餐饮公司接触，想要将其持有的胖子拉面连锁公司60%的股份全部转让给美妙生活餐饮公司。截至股权转让前，胖子拉面连锁公司注册资本1000万元，未分配利润为500万元，盈余公积余额为500万元。

2024年，顺心饮食服务公司和美妙生活餐饮公司达成股权转让协议。根据该股权转让协议，顺心饮食服务公司以1300万元的价格将其持有的胖子拉面连锁公司60%的股份转让给美妙生活餐饮公司。

在这次股权转让过程中，顺心饮食服务公司获得的股权转让所得为700万元（1300万元 −600万元），应当缴纳的所得税为175万元（700万×25%），税率是比较高的。

那么，对顺心饮食服务公司而言，能否通过税务筹划合法降低税负呢？答案是肯定的。可以通过以下途径合法降低税负，如图9-4所示。

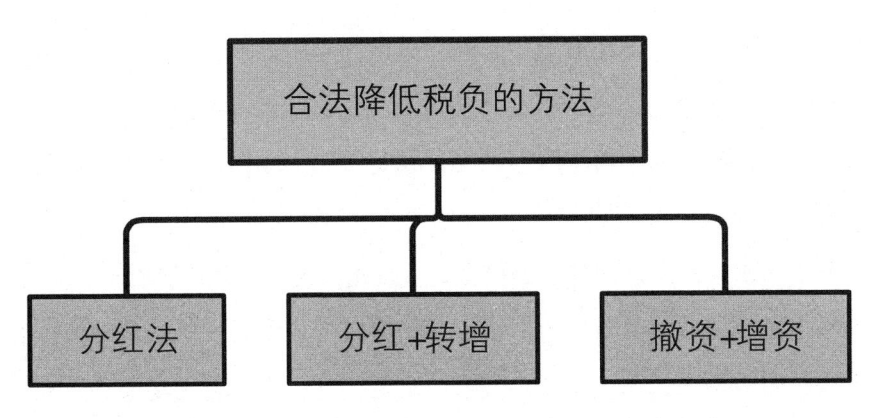

```
                    ┌─────────────────┐
                    │ 合法降低税负的方法 │
                    └─────────────────┘
                             │
          ┌──────────────────┼──────────────────┐
    ┌──────────┐        ┌──────────┐        ┌──────────┐
    │  分红法   │        │ 分红+转增 │        │ 撤资+增资 │
    └──────────┘        └──────────┘        └──────────┘
```

图 9-4　顺心饮食服务公司合法降低税负的方法

1. 分红法

所谓分红法，是指将股权转让收入拆分为两部分：一部分转化为股息红利所得，而股息红利是享受免税待遇的，这部分收入并不需要缴纳企业所得税；另一部分则继续作为股权转让的收入，按照正常流程缴税。

在具体实施时，公司创始人可以采用两步走的战略：

第一步，先分红

顺心饮食服务公司先从胖子拉面连锁分红，按照其持股比例可以分得 500 万元 ×60%=300 万元，这 300 万元是免征企业所得税的。分红后，顺心饮食服务公司的股权转让收入变为 1000 万元（1300 万元 −300 万元）。

第二步，缴纳企业所得税

分红后，顺心饮食服务公司股票转让所得变为 400 万元（1000 万元 −600 万元），其最终缴纳的企业所得税为 100 万（400 万 ×25%）元。

和最初需要交纳的 175 万元相比，分红后顺心饮食服务公司转让相同份额的股权，只需要缴纳 100 万元的企业所得税。

2. 分红 + 转增

所谓转增法，是指将盈余公积金转增为公司的注册资本金，最终实现节税的方法。我国《公司法》规定，企业分配当年税后利润时，应当提取利润的百分之十列入公司法定公积金。公司法定公积金累计额为公司注册资本的百分之五十的，可以不再提取。法定公积金转为资本时，所留存的该项公积金不得少于转增前公司注册资本的百分之二十五。

胖子拉面连锁公司的盈余公积为500万元，恰好是其注册资本1000万元的50%。按照《公司法》规定，法定公积金转为资本时，所存留的该项公积金不得少于转增前公司注册资本的百分之二十五，因此胖子拉面连锁公司可以将250万元盈余公积转增资本，转增后其注册资本变为1250万元。其中顺心饮食服务公司的投资成本变为600+250×60%=750（万元）。

胖子拉面连锁公司首先分红，持有该公司60%股份的顺心饮食服务公司可以分得300万元（500万×60%），这300万元并不需要缴税。分红之后，顺心饮食服务公司的股权转让收入变更为1000万元（1300万−300万）。与此同时，胖子拉面连锁公司通过盈余公积转增资本的方式，注册资本金变为1250万，顺心饮食服务公司的投资成本也随之水涨船高，变更为750万元。

因此，顺心饮食服务公司最终应当缴税的股权转让所得为250万元（1000万元−750万元），应当缴纳的所得税为62.5万元（250万×25%）。

可见，相对于直接转让缴纳企业所得税，采用"分红+转增"的方法，顺心饮食服务公司可以节税112.5万（175万−62.5万）。相对于分红法，采用"分红+转增"的方法，能够节税37.5万（100万−62.5万）。

3. 撤资+增资

根据《国家税务总局公告2011年第34号》第五条规定，公司撤资所获得的收入视情形不同免税或征税，如表9-4。

第九章 股权合法节税，降低运营成本

表9-4 公司撤资收益部分交税情况

情形	企业所得税确认	是否交税
相当于初始出资的	确认为投资收回	免税
相当于被投资企业累计未分配利润和累计盈余公积按减少实收资本比例计算的部分	确认为股息所得	免税
其余部分	确认为投资资产转让所得	交税

基于此，顺心饮食服务公司可以进行如下税务统筹：

首先，顺心饮食服务公司和胖子拉面连锁公司达成撤资协议，顺心饮食服务公司从胖子拉面连锁公司撤出60%的出资份额，获得1300万元的补偿。

其次，美妙生活餐饮公司与胖子拉面连锁公司达成增资协议，由美妙生活餐饮公司出资1000万元，占胖子拉面连锁公司的60%股权。

需要注意的是，减资、增资都属于公司重大经营级事项，需要公司股东大会三分之二以上的表决权通过。

按照这一税务筹划，顺心饮食服务公司获得了1000万元补偿的纳税情况如下：

首先，原始投资的600万元算作投资资本的收回，按照相关法律法规，并不需要缴纳企业所得税。

其次，按照撤资比例60%应当享有的胖子拉面连锁公司盈余公积和未分配利润的份额应视为股息所得，这部分的数额为（500+500）×60%=600万元，这部分所得也不征收企业所得税。

最终剩余部分为1300万元−600万元−600万元=100万元，这部分可以确认为股权转让的最终所得。因此，顺心饮食服务公司最终需要缴纳的所得税为100万×25%=25万元。

采用这种方法，顺心饮食服务公司最终缴纳的所得税更低，相对于直接转让股权能够节约150万元（175万-25万），比分红的方法节税75万元（100万-25万），比"分红+转增"的方法节税40万元（65万-25万）。

公司在股权转让时，可以根据自身实际情况从以上三种节税方法中灵活选择。需要注意的是，股权筹划的大前提是建立在遵纪守法的基础上，也就是说股权转让的节税方案必须遵守相关的税收法律法规。

第五节

捐赠股权，公司合法节税的一种方式

股权捐赠就是指捐赠人将其所拥有的公司股权捐赠给某个机构。捐赠的股权，既可以是上市公司的股权，也可以是非上市公司的股权。

2023年，国内医美巨头华熙生物的实控人、董事长赵燕向山东大学教育基金会捐赠了481.68万股的公司股份。赵燕捐赠给山东大学教育基金会的股份占华熙生物总股本的1%，对应的市值大约4亿元。

除了赵燕之外，企业家对外捐赠股权进行慈善活动的新闻屡见不鲜。这些企业家对外捐赠股权，主要目的有二：一方面是做慈善，推动教育、医疗、救助等事业的发展；另一个方面，是通过股权捐赠在法律允许的范围内节税。

根据《个人所得税法》和《财政部 税务总局关于公益慈善事业捐赠个人所得税政策的公告》（财政部 税务总局公告2019年第99号）规定，个人通过境内公益性社会组织、县级以上人民政府以及部门等国家机关，向教育、扶贫、济困等公益慈善事业的捐赠，发生的公益捐赠支出，捐赠额未超过纳税人申报的应纳税所得额30%的部分，可以从其应纳税所得额中扣除；国务院规定对公益慈善事业捐赠实行全额税前扣除的，从其规定。

假如公司创始人以企业的名义向我国境内的公益性组织捐赠股票，根据《企业所得税法》相关规定，企业发生的公益性捐赠支出，在年度利润总额12%以内的部分，准予在计算应纳税所得额时扣除；超过年度利润总额12%的部分，准予结转以后3年内在计算应纳税所得额时扣除。

2022年10月，渝香鱼府餐饮连锁公司决定将自己拥有的盛世餐饮服务公司的100万股股权捐赠给某大学基金会，用来资助该校贫困学子，帮助他们顺利完成学业。这笔捐赠股权捐赠完成后，基金会成为渝香鱼府餐饮连锁公司股东，享受股权对应的分红和分配权利。

渝香鱼府餐饮连锁公司持有的盛世餐饮服务公司100万股的股票在2014年购入，当时每股市价为35元，此后渝香鱼府餐饮连锁公司一直将购买的盛世餐饮服务公司100万股股票作为交易性金融资产核算。2022年10月，盛世餐饮服务公司的股票上涨，每股市价110元。

2022年12月，渝香鱼府餐饮公司和某大学基金会正式签订了股权捐赠协议，并在工商部门办理了股权转让手续。该协议签订时，盛世餐饮服务公司的股价为每股114元，渝香鱼府2022年度的会计利润为5000万元，企业所得税税率为25%，除此之外不存在其他税费。

那么，此后的渝香鱼府餐饮公司能够享受到多大的税收减免呢？渝香鱼府餐饮公司2022年度能够确认的捐赠额为3500万元（以取得股权的历史成本为准），当年可以扣除的限额为600万元（5000万×12%），可以确认的应纳税额为（5000万－600万）×25%=1100万元，相对于直接缴纳，该企业税负降低了150万元（1250万－1100万）。

对于剩余的2900万（3500万－600万）捐赠额，渝香鱼府餐饮公司可以在之后3年内在计算应纳税所得额时扣除。

按照我国相关法律法规，企业股权捐赠需要满足四道程序，如表9-5所示。

表9-5 股权捐赠满足程序

程序	详情
履行内部决策程序	有限责任公司的股东向股东以外的人或机构转让股权时，需要得到其他股东半数以上同意
办理股权变更手续	当企业对外捐赠股权进行公益性活动时，必须办理相应的股权变更手续，同时，企业不能再对已经捐赠出去的股权继续行使股东权利，且不能要求受赠方给予经济回报
履行信息披露义务	如果股权捐赠涉及上市公司股权，捐赠方和受赠方应当履行相应的信息披露义务，及时对外公布股权变更情况

需要注意的是，公司创始人在选择股权捐赠对象时，要"瞄准"具有接受捐赠税前扣除资格的基金会、慈善组织等公益性社会团体，避免"所托非人"。

第六节

设计得当，股权并购也能合理避税

在股权架构设计中，股权并购是一个非常重要的工具——通过并购，公司创始人能够快速获得优质资产，积累管理经验和优质渠道、人才等资源。但税负是并购交易过程中必须严肃对待的一个问题，在法律允许的前提下，合理降低并购重组税负，可以有效地降低公司股权并购成本，放大并购行为的经济效益。

那么，在股权并购重组时，公司创始人如何进行税务统筹呢？

一般来说，有四种方式，如图9-5所示。

```
争取特殊性税务处理                    变更公司注册地
              股权并购重组时的税务统筹
资、权、债打包                      引入"过桥资本"
```

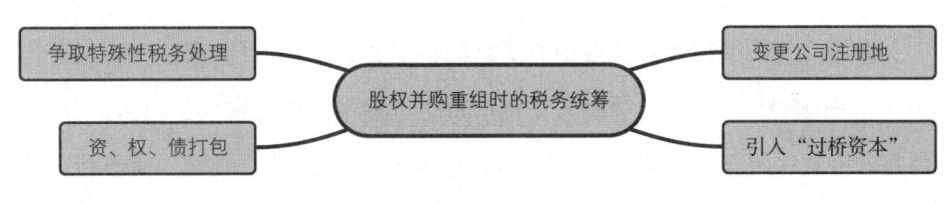

图 9-5 股权并购重组时的税务统筹

第一种方式：争取特殊性税务处理

《关于促进企业重组有关所得税处理问题的通知》（财税〔2014〕109号）规定，当股权并购重组属于"特殊性税务处理"范围时，可以暂时不用交纳税费。

具体而言，当公司发起的股权并购满足以下条件，创始人便可以向税务机关申请特殊性税务处理。

1. 股权收购行为具有合理的商业目的，并不是为了减少、免除或者推出缴纳税款。

2. 股权并购中，被收购、合并或者分立部分的资产或股权比例不低于50%。

3. 股权并购重组完成后，连续一年内不改变重组资产原来的实质性经营活动。

4. 重组交易对价中涉及股权支付金额比例需达到85%。

5. 公司重组中取得股权支付的原主要股东，在重组后一年内，不得转让所取得的股权。

比如，一家房地产开发公司，想要用自身股权和现金的混合支付方式并购某房地产公司。这家房地产公司便可以将股权支付比例提升到总交易额的85%，继而满足特殊税务处理的条件，暂时不用交纳相应税费。

第二种方式：资、权、债打包

根据《关于纳税人资产重组有关增值税问题的公告》（国家税务总局公告2011年第13号）规定："纳税人在资产重组过程中，通过置换、出售、分立、合并等方式，将全部或者部分实物资产以及与其相关联的债权、债务和劳动力一并转让给其他单位和个人的，不属于增值税的征税范围，其中涉及的货物转让，不征收增值税。"

根据《关于纳税人资产重组有关营业税问题的公告》（国家税务总局公告2011年第51号）规定："纳税人在重组资产过程中，通过置换、出售、分立、合并等方式将全部或者部分实物资产以及与其相关联的债权、债务和劳动力一并转让给其他单位和个人的行为，不属于营业税征收范围，其中涉及的不动产、土地使用权转让，不征收营业税。"

也就是说，在股权收购重组过程中，公司创始人要在条件允许的前提下，尽可能地将被并购方的资产、债权、债务和劳动力打包，可以免除增值税和营业税。

第三种方式：变更公司注册地址

在各地以经济发展为核心任务之一的大背景下，为了吸引优质资本，有些地区，特别是中西部地区，对在该地区注册的公司出台了一系列区域性的税收优惠政策或者财政返还政策。

因此，公司创始人在实施股权并购时，可以选择能够享受到这些优惠措施的公司作为并购对象。并购重组完成后，创始人可以更改公司的注册地点，使得并购后的纳税主体能够继续享受相关税费优惠政策。

除此之外，公司创始人还可以尝试在并购行为中引入外国资本，也能享受到部分税收优惠。假如并购重组后外资所占比例超过25%，则可申请注册为外资企业，继而享受外资企业的所得税优惠措施和优惠汇率，并免征车船使用税、建设税等相关税费。

第四种方式：引入"过桥资本"

假如公司并购的目标为房地产开发公司，就会不得不面对这样一个非常"头疼"的问题：房地产公司的账面"原值"过小，但其资产增值却非常大。如此一来，股权并购时并购方就必须缴纳较高的所得税。

在这种情况下，提升并购股权的"原值"才是解决问题的终极答案。那么如何做到这一点呢？公司创始人可以在并购前向目标房地产开发公司注入"过桥资本"。

所谓"过桥资本"，是一种和长期资金相对接的短期融资。过桥资本的主要特点有三：首先，期限较短，融资期限通常不会超过半年；其次，含金量较高，能够帮助使用方解决现金流短缺问题，支撑公司的正常运行；最后，风险容易控制。

向目标公司注入"过桥资本"后，公司创始人便会成为其债权人。之后，创始人可以通过"债转股"的形式对目标公司进行股权并购，继而大大缩小并购时的所得税税基，达到降低税负的目的。

公司创始人在进行股权并购重组时，可以根据公司和被并购目标公司的实际情况，灵活选择相应的节税方法。